销售薪酬设计 与绩效考核

完全指南

理念、方法、技巧

罗粤海 ————— 著

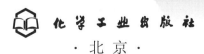
化学工业出版社
·北京·

内 容 简 介

《销售薪酬设计与绩效考核完全指南：理念、方法、技巧》介绍了销售薪酬激励有效性分析模型和工具，可以帮读者准确评估现有销售薪酬激励计划的有效性，相关销售薪酬实践能否实现预期的目标。作者基于近年来销售薪酬领域的最佳实践、学术成果和自身的实战经验，将纷繁复杂的销售薪酬实践提炼为销售薪酬激励计划设计4P模型和十要素，帮助读者掌握销售薪酬激励设计的核心技术。

本书旨在为企业高管、销售管理层、人力资源和薪酬设计从业人员，以及其他对销售薪酬感兴趣的人士，提供销售薪酬设计参考手册和实用指南，本书还可作为人力资源和薪酬管理教学与培训的辅助教材。

图书在版编目（CIP）数据

销售薪酬设计与绩效考核完全指南：理念、方法、
技巧 / 罗粤海著 . —北京：化学工业出版社，2023.11
　　ISBN 978-7-122-43986-4

　　Ⅰ . ①销… Ⅱ . ①罗… Ⅲ . ①企业管理 – 销售管理 –
工资管理 – 指南　Ⅳ . ① F274-62

　　中国国家版本馆 CIP 数据核字（2023）第 151592 号

责任编辑：刘　丹　　　　　　　　　　装帧设计：仙境设计
责任校对：宋　夏

出版发行：化学工业出版社 (北京市东城区青年湖南街 13 号 邮政编码 100011)
印　　装：大厂聚鑫印刷有限责任公司
710mm×1000mm　1/16　印张 15　字数 191 千字　2024 年 1 月北京第 1 版第 1 次印刷

购书咨询：010-64518888　　　　　　　售后服务：010-64518899
网　　址：http://www.cip.com.cn
凡购买本书，如有缺损质量问题，本社销售中心负责调换。

定　　价：78.00 元　　　　　　　　　　　版权所有　违者必究

前

言

移动互联网时代，信息和数字技术的进步改变了商业游戏规则，企业的销售发生了深刻的变化。研究显示，67%的购买过程以数字方式完成。令人惊讶的是，数字化趋势并未显著降低销售人员的重要性。销售人员仍然是连接企业和客户的关键纽带。销售人员的作用贯穿整个购买过程，销售人员与客户之间的互动始终是影响客户购买决策的重要因素之一。

与此同时，不断改变的商业模式，快速更新迭代的产品和服务，以及"无所不知"的客户对销售人员提出了前所未有的挑战。销售人员的角色和技能要求也随之不断改变。优秀的销售人员日益成为稀缺人才。拥有、保留和激励一个销售技术娴熟、积极进取的销售团队，成为提供产品或服务的企业的首要任务。

销售薪酬是激励销售人员实现组织的业务目标和留住最佳销售人才的有力工具。精心设计的销售薪酬激励计划为销售人员提供了战略方向和目标，明确成功的定义，向销售人员支付有竞争力的薪酬，激励他们以期望的行为实现具有挑战性的销售目标。事实上，销售薪酬激励计划已经超越了金钱，它是关于怎样让企业脱颖而出，以及怎样让销售人员更渴望销售企业的产品。对大多数企业来说，销售人员的现金薪酬是总销售成本中最大的一个组成部分，约占总销售成本的40%（其他约60%的成本包括销售支持工具、基础设施、各类销售费用和销售人员的福利）。在"没有第二次机会"的商业环境中，销售薪酬作为一项重要投资，容不得半点闪失。

新的销售组织需要设计销售薪酬激励计划。而在今天不断变化的销售环境中，成熟的组织需要根据面临的挑战，经常性修改或重新设计销售薪酬激励计划。这些挑战包括经济进入下行通道，市场发生剧烈变化，企业发生兼并收购，企业领导层变动，产品或服务发生重大变化，销售团队高流动率，企业进入新的市场或地域，或者表现最好的销售人员抱怨获得的奖金并不多。

设计一个有效的销售薪酬激励计划从来不是一件容易的事情。当你打开本书的时候，你已经开启了一场极富挑战但又充满乐趣的设计之旅。

开卷有益，让我们出发吧！

著者

目

录

第十章　销售人员应该完成多少业绩：销售配额

第十一章　怎样管理销售薪酬激励计划：支付周期、业绩分配与管理规则

第十二章　特殊激励：SPIFF 与其他激励

第二部分 🕐

销售薪酬激励计划的落地应用

第十七章　我们准备好了吗：计划沟通与实施

扩展阅读　销售薪酬设计的未来

参考文献

绪 论

我们从哪里开始：销售薪酬的核心概念

杰克·韦尔奇说："如果你选择了合适的人，让他们有机会展开翅膀，并将薪酬作为一种载体，那么你几乎不必管理他们。"然而，为企业制订薪酬策略并非易事，尤其是当某些特定职能团队需要独特的薪酬策略的时候。销售团队就是这样一个群体，专注于提高企业的销售收入及盈利水平。企业通常需要为销售团队制订不同于其他职能团队的薪酬策略和薪酬计划，以反映销售人员的行为与实现他们承担的特定目标和结果之间的密切关系。

我们首先需要审视几个重要概念，包括：销售薪酬（Sales Compensation）、销售薪酬激励计划（Sales Compensation Plan）、奖金（Bonus）、佣金（Commission）。这几个概念或被不同使用者赋予不同定义，或在不同环境下被等同使用，厘清这些概念有助于深入和整体地理解销售薪酬及其设计。

一、销售薪酬是什么

销售薪酬是一种薪酬策略，旨在激励销售人员提高业绩和增加收入。本书中，**销售薪酬的定义是，销售人员为企业提供个人服务和贡献而获得的所有回报的总和，也就是销售人员的全面薪酬（Total Rewards）**。世界薪酬协会指出员工的全面薪酬包括五个部分：薪酬、福利、身心健康、发展和认可。

- 薪酬：企业为员工付出的时间、精力、才能和服务支付的现金报酬，包括固定薪酬、可变薪酬和长期股权激励等。
- 福利：企业为员工及其家庭提供全面的福祉和保障，包括健康和安全、收入保护、财务健康、各类休假和津贴等。
- 身心健康：员工的身体、情感、心理、社交及工作和生活环境等因素影响员工的生产力、幸福感和健康。企业通过特定项目影响这些状态，以支持员工平衡工作与生活，提升他们工作与生活的品质。
- 发展：企业为员工提供的学习和发展机会，提升员工短期和长期职业生涯需要的技能、能力和经验。
- 认可：企业通过正式或非正式的认可项目，确认、感谢和庆祝员工的贡献、价值和意义，满足员工渴求自我实现的内在心理需求。

薪酬属于直接现金收入，福利、身心健康、发展和认可则属于间接非现金收入。薪酬和福利是有形的，可以量化，而身心健康、发展和认可通常是无形的，不易量化。

全面薪酬的一个重要意义在于，从员工不断变化的视角、价值偏好来审视和确定员工所需要的回报。对员工而言，薪酬反映他们在当下劳动力市场的价值；福利意味着员工及其家庭的健康与安全保障；身心健康体现了员工工作和生活的质量；发展代表着员工的未来；认可则强调员工对于组织和团队存在的意义。图0-1列出了全面薪酬各模块中企业可以提供给销售人员的部分回报。

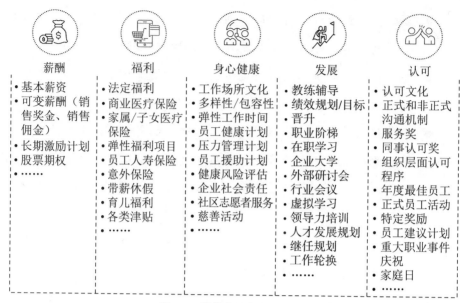

图 0-1　销售人员的全面薪酬

二、销售人员是否只重视金钱

人们对销售人员有一个误解，认为金钱是驱动销售人员最重要的因素。高风险、高回报是对销售人员最明显的激励因素，但不一定是唯一的和最重要的。知名销售分析学者安吉斯·索特纳斯和同事们的研究表明（图 0-2），随着产品和市场复杂性的不断提高，销售过程也会随之变得越发复杂，而销售薪酬激励计划的有效性则会随之降低。这时，薪酬之外的其他激励措施会对销售人员的行为和绩效产生更大的影响。

其他学者也发现，销售人员越成功，其他激励因素就越优先于金钱。某位销售人员说："我们为钱工作，但我们努力获得认可。"除了薪酬，销售管理层和销售薪酬设计人员需要研究和了解销售人员的其他激励因素，为销售人员提供平衡的全面薪酬，从而更有效地激励和管理销售人员的行为。

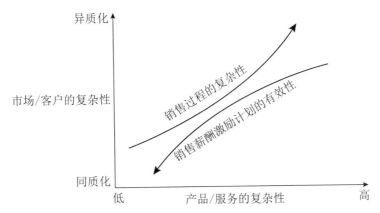

图 0-2　销售薪酬激励计划的有效性随产品和市场复杂性的增加而降低

三、什么是销售薪酬激励计划

销售人员的直接现金收入主要来自销售薪酬激励计划。如图 0-3 所示，销售薪酬激励计划是一种结构化的方案，通常包括：销售人员的基本薪酬、实现业绩目标可获得的目标激励薪酬、超越业绩目标可获得的额外激励薪酬、有时候还会包括针对特定情况和目标的特殊激励薪酬。

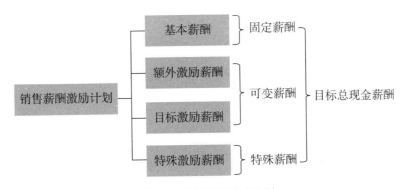

图 0-3　销售薪酬激励计划

毋庸讳言，销售薪酬激励计划始终是销售薪酬最核心的要素。心理学家和行为科学家维克托·弗鲁姆的期望理论，很好地解释了销售薪酬激励计划对销售人员的激励作用。

如图 0-4 所示，期望理论可以用公式表示：

$$激励动力 = 期望值 \times 有效性 \times 效价$$

图 0-4　期望理论与销售薪酬激励计划

（1）期望值反映努力与绩效之间的关系，是个人对通过努力可以多大程度达到绩效目标的预期。例如，"如果目标明确，我努力付出，会达到预期的结果""如果我比别人更努力，会实现更好的业绩"。通常，这种预期是基于个人过去的经验、能力、自信和对绩效目标难度的感知。

（2）有效性反映预期绩效与回报之间的关系，是个人对绩效目标实现后可获得的回报的认知。例如，"如果我超额完成目标，会获得更多的奖金""如果我取得了成绩，将得到升职奖励"。期望回报可能是薪资、晋升、认可或成就感等形式。当回报模糊或不确定，或者不同绩效水平的回报相同时，有效性会降低。

（3）效价是回报对个人的独特价值，也就是个人想得到某种回报。例如，"我喜欢更高的头衔""我渴望更高的收入"。效价体现个人的需求、目标、偏好和价值观。

在一个精心设计的销售薪酬激励计划中，这三个变量共同发挥作用，将激励效果最大化。销售薪酬激励计划，包含销售人员需要实现的业绩目标和实现目标后确切的激励收益。对销售人员来说，努力的结果越可能实现，回报越确定，计划产生的激励效果就越大。

四、优秀的销售薪酬激励计划是什么样的

统计数据显示，销售团队实施正确的销售薪酬激励计划，实现企业销售绩效目标的可能性将大幅提高。销售薪酬激励计划旨在提高企业销售业绩和销售人员的收入。然而，实际设计销售薪酬激励计划时并没有这么简单。我们发现，销售薪酬激励计划远不止根据销售业绩支付报酬的可变薪酬方案那么简单。销售薪酬激励计划常常担负更多的职责，例如：吸引并留住合适的销售人才；促进销售业绩和盈利能力的持续增量增长；激励销售人员参与制定公司的业务战略和目标；引导销售人员的销售行为；建立牢固、长期的客户关系；推动企业文化和管理理念。

销售薪酬激励计划设计需要考虑众多影响因素，包括：销售人员在销售团队中的角色，销售周期的长短，销售活动的类型，销售人员的资历和能力，市场趋势，行业竞争，企业规模和发展周期，客户多样性，区域差异。

同时，一个精心设计的销售薪酬激励计划还应具备以下特征：财务上可以负担；易于理解；确保内部公平性；与销售运营系统，包括人员配额、配额分配、区域管理等保持一致；运营和管理成本应尽可能低。

五、奖金与佣金

奖金和佣金是销售薪酬领域最常听到的两个词。很多人认为它们的含义是一样的，在日常工作中不加区分地使用。事实上，奖金和佣金是两种不同的销售薪酬激励模式，适用的业务环境和企业各不相同。

奖金，是销售人员在特定的时间内实现业绩目标后可以获得的固定金额收入。奖金可以用百分比表示，比如完成销售目标可获得基本薪资的

10%。奖金也可以是一个金额，如达成新产品销售目标可获得 10 000 元。一种典型的奖金模式可能包括不同的奖金支付率，以便为不同绩效水平支付薪酬。业绩水平越高，奖金越多；业绩水平越低，奖金越少。

佣金又称提成，是传统的销售激励方式。销售人员的实际收入取决于设定的佣金率，即销售人员完成的销售额或销售毛利的百分比。例如，销售额的 1% 或利润的 1.5%。有时候，佣金率也可以是一个固定的金额，如每次用户注册可获得 3 元。与奖金模式相似，佣金模式也可能包括不同的佣金率，以便激励销售人员实现更多的销售业绩。

奖金是完成事先设定销售目标后获得的固定奖励。佣金则是销售行动的一部分，由实际完成的销售业绩"值"决定，销售额越多，佣金越高。

图 0-5 左侧的奖金模式下，在 100% 的业绩目标内：

● 销售人员每完成 1% 的目标，可获得 1% 的奖金；

● 销售人员完成 100% 的目标，可获得 100% 的奖金；

● 超过 100% 的目标，奖金支付率上浮到 1.5%；

● 销售人员完成 150% 的目标，可获得 250% 的奖金。

图 0-5 右侧的佣金模式下，100 万元销售额内的佣金率为 10%，100 万～150 万元销售额内的佣金率为 15%。销售人员的业绩达到 150 万元时，可以获得 25 万元的佣金。

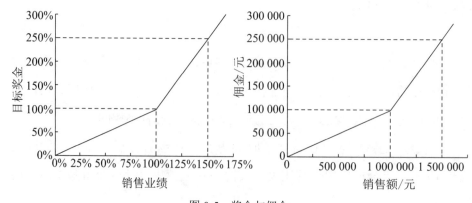

图 0-5　奖金与佣金

很多时候，奖金和佣金看上去非常相似，特别是用销售目标表示时。这里关键的区别在于，在奖金模式中，无论目标大小，销售人员获得的奖金金额或比例是一样的。以表 0-1 为例，假设两位销售人员的基本薪酬为 10 万元，奖金为基本薪酬的 10%。不论他们各自的销售业绩指标有多大差别，完成 100% 的业绩目标时他们的奖金都是 1 万元，完成业绩目标的 150% 时，他们的奖金都是 2.5 万元。相比之下，在佣金模式中，不同销售业绩目标的销售人员在达到目标时佣金收入会有巨大的差别。采用佣金模式时，需要考虑所有销售区域内的销售机会是基本均等的，以保证销售薪酬的公平性。

表 0-1　奖金与佣金

奖　金		佣　金	
销售目标	奖金	销售目标	佣金
>100%	每超过 1% 的目标 =1.5% 的奖金	>100%	15% 的销售额
0 ～ 99%	每完成 1% 的目标 =1% 的奖金	0 ～ 99%	10% 的销售额

奖金模式和佣金模式的背后是两种不同的销售薪酬理念。当企业将销售薪酬当作销售成本（Cost of Sales）时，企业采用佣金计划。这时，企业通常不考虑市场销售薪酬数据，而是根据销售人员带来的销售额或利润向其支付报酬。销售人员的基本薪酬通常设得很低，佣金占销售薪酬收入的大部分。当企业认为销售薪酬是劳动力成本（Cost of Labor）时，企业会采用奖金模式。这种模式下，企业关注销售岗位在竞争激烈的劳动力市场中的价值，根据市场薪酬数据确定销售岗位的收入水平。销售人员的收入既与个人和企业层面的具体业绩目标挂钩，也与市场薪酬基准挂钩。

对企业来说，佣金模式可以控制固定成本，在不影响利润的情况下，激励销售人员完成更多的销售业绩。佣金模式简单直接，易于实行和管理，运营成本较低。佣金模式鼓励以结果为导向的销售人员心无旁骛，尽可能多地完成销售业绩。由于销售人员的收入主要基于个人技能和努力，优秀的销售人员的收入远高于一般的销售人员。由此带来的一个额外收益是，"鼓励"表现不佳的销售人员自动离开企业，避免潜在纠纷。佣金模式的弊端也非常明显。一方面，佣金模式强化交易性销售，几乎没有真正的绩效衡量指标，销售额是主要指标。因此，销售人员专注短期销售业绩，将大部分时间用于达成交易，并寻找下一个潜在客户，而不会关注企业长期战略目标和优先事项，建立和维护长期客户关系。因此，佣金模式适合短期销售，不适合 6 个月以上的中长期销售。另一方面，佣金模式强化销售人员的独立作用。销售人员可以控制他们的收入，而管理层实际上几乎没有能力影响销售人员的销售行为。当企业处于快速增长期时，佣金模式往往会造就收入颇丰的销售明星。当增长速度放缓时，佣金模式则可能导致销售人员的高流动率。

奖金模式可以很好地弥补佣金模式的不足。奖金模式下，销售人员只有在达到设定目标时才会获得奖金。奖金模式赋予管理层相当大的灵活性来管理销售人员。企业通常在销售业绩目标外，设置多个绩效目标，如产品组合、客户关系等，以实现长期战略目标。很多时候，由于不可控因素，销售人员无法达到某个目标时，可以通过实现其他目标获得体面的收入。因此，随着市场竞争日益激烈，市场趋于饱和，客户数量增长放缓，奖金计划推动业务发展的同时，帮助保留和激励销售团队。此外，佣金模式基于销售人员的个人技能和努力，奖金模式则既可以基于团队也可以基于个人，因而适用于复杂且需要团队合作的销售模式。

选择奖金模式还是佣金模式，取决于企业所处业务发展阶段和所在行业。一般而言，在初创阶段，或者在推出新产品和进入新市场时，企业会使用佣金模式，以实现销售快速增长。随着业务和市场的成熟，销售增长趋缓，需要销售团队驱动不同战略优先事项时，企业通常会转而使用奖金模式。众多案例表明，在大多数情况下，基于目标的奖金模式比传统的佣金模式，能带来更好的业绩结果和更公平的薪酬，创造并促进企业和销售人员的双赢。

大部分 B2B（Business to Business，企业向企业销售产品和服务）企业使用奖金模式。在某些行业，佣金则是主导的销售薪酬激励模式，如房地产中介和保险行业。除了历史原因，这些行业采用佣金模式与产品或服务的特点有关，其产品或服务类似贵金属之类的大宗商品。大家都了解这些产品，而且不同企业的产品之间并没有太大差异，主要的差异在于销售人员个人，优秀的销售人员跳槽时往往会带走一大批客户。

奖金和佣金的使用如表 0-2 所示。

表 0-2　奖金和佣金的使用

使 用 奖 金	使 用 佣 金
成熟企业	初创企业
成熟 / 复杂或大型销售组织	新产品 / 新市场
销售过程需要团队合作	新的销售岗位或小型销售组织
多个市场 / 广泛的产品线	单一市场 / 单一产品线
市场需求可以预测	市场需求无法预测
客户因为企业和品牌做出购买决定，而非销售人员	客户因为销售人员，而非他们背后的企业做出购买决定
销售职责细分，需要强大的销售支持	销售人员个人主导，无须过多的销售支持
不同区域的销售机会存在显著差异	所有区域内的销售机会均等
完善的目标设定流程	企业没有能力预测、设定和跟踪目标
关系型销售，中长销售周期	交易型销售，通常销售周期短
除了获取新客户，须注重客户保留或渗透	注重新客户和高增长

本 章 小 结

　　销售薪酬是一种薪酬策略，旨在激励销售人员，从而推动业绩和增加收入。本书的销售薪酬指销售人员的全面薪酬。销售薪酬激励计划是销售薪酬的核心部分，是销售人员最主要的激励因素之一。一个优秀的销售薪酬激励计划，需要满足企业和销售人员的不同需求。构思销售薪酬激励计划时，销售薪酬设计人员需要考虑以下问题：

- 除了金钱，还有什么因素可以激励销售人员？
- 我们是否为销售人员提供了现金激励之外的其他激励方式？
- 我们的销售薪酬激励计划采用佣金模式还是奖金模式？
- 如果从佣金模式过渡到奖金模式，我们需要做什么？

附件 常用的销售薪酬术语

百分位（Percentile）：用于数据描述性分析，显示数据在最小值和最大值之间的分布信息。例如，100 个销售人员按销售业绩从低到高排列，A 排列在第 95 位，也就是第 95 百分位。这意味着 94% 的销售人员的销售业绩低于 A。

返还机制（Clawback）：客户退回产品，取消合同或者未支付合同款项，销售人员必须全部或部分返还企业已经支付的激励薪酬。

付薪水平（Pay Level）：指企业薪酬在市场上的竞争力。市场薪酬水平的 50 百分位，也就是市场平均薪酬被公认为有竞争力的付薪水平。

关联门槛（Hurdle）：类似起付点，指一个业绩指标的衡量和付薪取决于其他业绩指标的完成情况。

基本薪酬（Base Pay）：也称基本工资或底薪，是员工根据其职位和任职资格获得的固定工资。

激励杠杆（Leverage）：又称上浮潜力（Upside Potential），是前 10% 的最优秀的销售人员在实现高于销售配额的超额业绩时能够获得的激励收入。

激励机制（Pay Mechanics）：也被称为付薪曲线（Pay Curve），定义基于不同绩效水平与激励薪酬之间的关系。激励机制包括起付点、优异点、加速器、减速器和各种相关公式的设定。

激励薪酬（Target Incentive）：也称目标激励薪酬或风险薪资，也就是我们平常说的目标奖金或佣金，是销售人员达到目标绩效时获得的可变薪酬总额，不包括基本薪酬。激励薪酬与基本薪酬组成目标薪酬。

绩效指标（Performance Measure）：定义每个销售人员最重要的工作领域。每个指标都应该是销售人员可以控制的销售活动中最重要的部分。

绩效指标分为四类：销售财务指标、销售战略指标、销售活动指标和主观指标。

绩效周期（Performance Period）：指绩效指标的考核周期。对于每个绩效指标，企业必须定义跟踪和衡量的频率和时间。

加速器（Accelerator）：指一个更高的奖金或佣金比率，用于激励销售人员的优异绩效。例如，销售业绩每增加1%，销售人员可以获得2%的激励薪酬。

减速器（Decelerator）：与加速器相反。减速器是一种降低的奖金或佣金比率。例如，销售业绩每完成1%，销售人员可以获得0.5%的激励薪酬。减速器通常用于避免过度支付激励薪酬。

奖金（Bonus）：销售激励薪酬的一种形式，是销售人员实现销售目标或达到期望销售水平时可以获得的激励薪酬。奖金的金额通常是事先设定的。例如，销售人员基本薪酬的6%，或是固定金额，如6万元。

可变薪酬（Variable Pay）：也称绩效薪酬（Pay for Performance）或风险薪酬（Pay at Risk），是由员工实现的绩效水平决定的奖励薪酬。当员工的绩效水平高于期望水平时，他们的收入会增加；当员工的绩效水平低于期望水平时，他们的收入会减少。销售薪酬是典型的可变薪酬。

目标（Target）：目标是为销售人员设定的业绩目标。100%达到目标时，销售人员可以获得全部目标薪酬。

目标薪酬（Target Compensation）：又称目标现金薪酬或TCC（Target Cash Compensation），指销售人员完成设定的100%销售业绩后可以获得的总收入，包括基本薪酬与目标激励薪酬，即我们常说的目标奖金或佣金。目标薪酬在国内外不同行业的叫法不同，有的行业叫作目标收入（On-Target Earning，简称OTE）。

起付点（Threshold）：销售人员必须达到的可以获得激励薪酬的最低

绩效水平，也称为门槛值。

全面薪酬（Total Rewards）：也称为整体报酬，涵盖企业为员工提供的各种有形和无形的报酬，包括固定薪酬、激励薪酬、长期激励、认可和奖励计划、福利、培训和发展等。

权重（Weight）：指某个因素或指标在整体评价中的相对重要程度，通常以百分比表示。

上限（Cap）：销售人员可以获得的最高激励薪酬。

调节系数（Modifier）：根据设定的绩效要求和完成情况，销售人员的激励薪酬会被上调或下调。

销售岗位（Position）：销售人员在组织结构或层级中的位置。销售岗位定义了销售人员在组织内的职责范围。常见销售岗位，包括区域销售经理、销售经理、内部销售代表、外部销售代表、销售助理、销售工程师等。

销售配额（Quota）：也称销售指标或业绩指标，是销售人员在特定时期必须完成的销售业绩。

销售特殊激励方案（Special Performance Incentive Fund，SPIFF）：有时也称为销售竞赛，是一种短期销售激励项目，旨在激励特定产品或服务的销售。它与销售薪酬激励计划的不同在于后者通常是以年度为时间单位的长期激励方案。

薪酬组合（Pay Mix）：又称固浮比，是销售人员薪酬中基本薪酬与目标激励薪酬之间的比率。70/30的薪酬组合意味着目标薪酬的70%是基本薪酬，30%为激励薪酬。

延迟付款（Deferral）：部分或全部激励薪酬被推迟支付，直至完成特定的绩效要求，如交叉销售、客户回款等。

业绩分配（Sales Credit）：指什么时候以什么标准开始计算销售人员

的销售业绩。对于销售流程复杂的企业来说，业绩分配也指确定参与销售的不同销售人员对销售的贡献，以便计算激励薪酬。

意外之财（Windfall）：指出乎意料的、在销售计划外的巨额订单。意外之财很多时候是机缘巧合，销售人员没有付出太多努力。

佣金（Commission）：佣金是销售激励薪酬的一种形式。佣金指由于实现销售目标或达到给定销售水平而获得的收入。与奖金不同，佣金通常是销售收入，毛利或其他变量的一个百分比。例如，销售人员从每次销售中获得5%的佣金。佣金的金额因销售业绩而异。

优异点（Excellence）：处于第90百分位的销售人员，即前10%的优秀销售人员可以完成的业绩水平。

预提（Draw）：预提是可变薪酬的一种，是销售人员完成销售并获得激励薪酬之前，企业向他们预付的一部分未来激励薪酬。预提通常用于新销售人员，以弥补他们开始工作到产生销售业绩期间的收入不足。预提可以是"可收回的"（需要从未来的收入中向企业偿还）或"不收回的"（不需要偿还）。

支付周期（Pay Period）：支付销售薪酬的频率，可以是每周、每月、季度或年度。

第一部分
销售薪酬设计实战

第一章
我们的路线图：4P模型

对任何一位销售薪酬设计人员来说，设计有效的销售薪酬激励计划都是一项挑战。设计人员需要使用一套结构化和逻辑化的方法以确保设计过程顺利和高效。销售薪酬激励设计4P模型提供了一个循序渐进的框架，帮助设计人员完成销售薪酬激励计划的准备、设计、构建、建模、评估和管理。4P代表销售薪酬激励计划的四个构成部分，即目标（Purpose）、指导原则（Principle）、职责定位（Position）和计划（Plan）。这四个词的英文首字母都是P，简称4P。

销售薪酬激励计划中目标定义计划的Why，也就是为什么要制订这样的计划。销售薪酬激励计划的指导原则明确计划的How，也就是怎么做来实现目标。销售人员的职责定位明确计划的Who，即这个计划为谁而设。这三个部分构成销售薪酬激励计划的战略定位，也就是计划作为一个整体如何以有效的方式为企业和特定的员工群体提供价值。销售薪酬激励计划内容详细定义计划的What，即具体要做什么。一个完整的销售薪酬激励计划涉及十个要素，每个要素均需符合并支持销售薪酬激励计划的战略定位，也就是遵循目标、指导原则和销售岗位的职责定位，如图1-1所示。

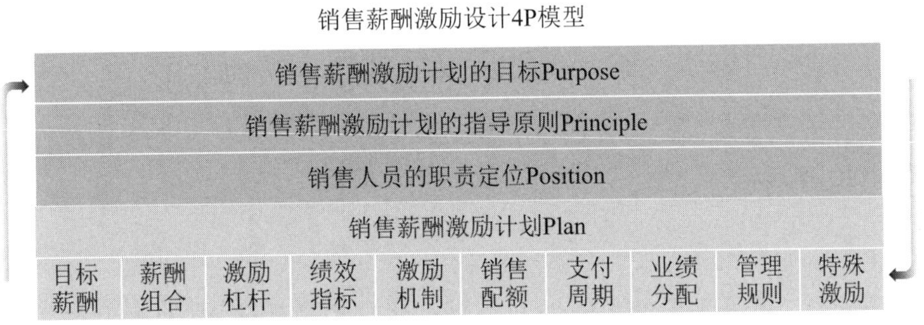

销售薪酬激励设计4P模型

销售薪酬激励计划的目标Purpose									
销售薪酬激励计划的指导原则Principle									
销售人员的职责定位Position									
销售薪酬激励计划Plan									
目标薪酬	薪酬组合	激励杠杆	绩效指标	激励机制	销售配额	支付周期	业绩分配	管理规则	特殊激励

图 1-1　销售薪酬激励计划设计 4P 模型

一、目标

　　确定销售薪酬激励计划的整体目标是设计销售薪酬激励计划要考虑的第一件事。目标阐述管理层对销售薪酬激励计划的意图和期望，明确计划存在的原因和意义，帮助设计人员确定如何以对业务最有益的方式来激励销售人员为企业的成功做出贡献。后续的设计活动，包括制定指导原则、设计激励机制等，都需要根据目标制定。当今的商业环境下，短期销售产出已经不是企业的唯一追求，企业关注更广泛和更长远的战略价值。销售薪酬激励计划也被要求发挥多重作用，实现不同的目标。唯一不变的是，销售薪酬激励计划的目标必须与企业的战略目标保持一致。

二、指导原则

　　销售薪酬激励计划的目标确定后，销售薪酬设计人员需要与管理层合作，制定一套简明扼要、高屋建瓴的指导原则，引导和规范接下来的设计过程。指导原则阐述了管理层对于如何实现销售薪酬激励计划目标所持的理念，为整体计划和每个要素的决策建立框架和标准。在设计过程中，指导原则帮助设计团队集中注意力，聚焦重点，避免被各种噪声干扰，确保最终的设计可以满足未来销售环境中关键利益相关方的需求。

三、职责定位

销售薪酬是一种基于岗位的薪酬。设计销售薪酬激励计划时，要考虑每个销售岗位对销售结果的影响，而不是销售人员个人。面对复杂多变的市场环境，销售团队必须快速调整和适应各种因素的变化，包括内部因素、客户因素、竞争因素、技术因素、市场因素等。因此，销售岗位可能是企业中职责变化最频繁的岗位之一。销售薪酬设计人员应及时了解每个销售岗位的职责变化，以便为不同的销售岗位制订各自的销售薪酬激励计划。在复杂的销售组织中，制订销售薪酬激励计划的一个关键步骤是，将几十个甚至数百个名称和职责各不相同的销售岗位映射到若干个标准化的基准销售岗位。相同基准的销售岗位的销售人员，应始终使用相同的销售薪酬激励计划。

四、计划

确定目标、指导原则和职责定位后，下一步就是进入具体的计划设计过程了。一个完整的销售薪酬激励计划涉及十个要素，分别是目标薪酬、薪酬组合、激励杠杆、绩效指标、激励机制、销售配额、支付周期、业绩分配、管理规则和特殊激励。

（1）目标薪酬（Target Pay）：是销售人员的基本薪酬与达到预期绩效结果可获得的激励薪酬的总和。目标薪酬需要考虑的因素包括销售人员的工作内容、责任范围、预算、行业惯例、行业趋势、销售薪酬的市场竞争力和内部公平性。

（2）薪酬组合（Pay Mix）：是基本薪酬与目标激励薪酬的比率。60/40薪酬组合意味着60%的目标薪酬是固定的基本工资，40%的目标薪酬是可变的激励薪酬。一般来说，销售人员对客户购买决定的影响力越大，目标激励薪酬比例越高，基本薪酬比例越低。

（3）激励杠杆（Leverage）：是企业为绩效最优秀的销售人员提供的激励薪酬上浮空间。激励杠杆为目标激励薪酬的倍数。例如，2倍激励杠杆意味着达到设定的优异绩效时，销售人员获得的激励薪酬是预期绩效（100%完成业绩目标）的目标激励薪酬的两倍。

（4）绩效指标（Performance Measures）：销售薪酬激励计划可能包含多个绩效指标。绩效指标必须与企业的业务目标和销售人员的预期行为保持一致。大多数销售工作的核心职责是扩大市场份额和客户群，因此销售效率相关的指标最受欢迎，如销售额、利润率、销量等。其他常用指标包括客户关系、产品/服务里程碑和销售活动等。

（5）激励机制（Pay Mechanics）：是使销售薪酬激励计划充分发挥作用的公式或支付曲线，由起付点、优异点、加速器、减速器、绩效指标之间的关联门槛和调节系数等要素组成。设计得当的激励机制可以激励销售人员超额完成业绩，并专注管理层认为至关重要的战略目标。

（6）销售配额（Quota）：是绩效指标需要完成的量化目标，可以是个人的，也可以是团队的。销售配额代表销售人员可以实现业绩的相对机会，应基于市场潜力和管理层现实的预期。配额通常包括三个目标点：最低可接受的业绩水平（起付点/门槛值）、达标水平（100%目标）和优秀水平（优异点）。

（7）支付周期（Pay Period）：激励薪酬的支付周期可以是月度、季度、半年度或年度。支付周期应该与销售周期或绩效衡量周期一致。支付周期过长会影响销售人员的个人现金流，降低销售人员的积极性；支付周期过短则可能带来绩效衡量和付薪管理的问题。

（8）业绩分配（Sales Credit）：指企业采用什么标准确认销售业绩，以计算激励薪酬。可以是签单订单、发货或客户付款的时间标准。企业还需要制定规则，在复杂的销售项目里确认销售团队不同成员的贡献，公正地分配销售业绩。

（9）管理规则（Administration Process）：所有销售薪酬激励计划都需要一个完善的管理规则。除了明确以上讨论的销售薪酬激励计划各项要素外，管理规则还应包括计划的变更和终止、特殊情况和争议的处理、沟通方式和流程等。日常运营和管理是销售薪酬中资源需求最密集的部分，书面的规则和流程对销售薪酬激励计划的有效沟通、执行及合规都不可或缺。

（10）特殊激励（SPIFF）：是一种短期的认可和激励销售的方法。SPIFF 是对通常以年度为周期的长期销售薪酬激励计划的有效补充，用于激励销售人员完成短期销售任务或实现特定的目标。SPIFF 的目标必须与现有的销售薪酬激励计划保持一致，且不宜过多使用，避免分散销售人员对销售薪酬激励计划主要目标的关注。

从设定目标、指导原则、职责定位到完成计划设计并实施，此时并不意味着销售薪酬激励流程的结束。图 1-1 的 4P 模型提供了一个评估、设计、实施和持续改进的闭环过程。对于已经实施销售薪酬激励计划的企业，重要的是不断收集实施以后发生的问题和销售人员的反馈，定期对当前计划是否有效推动业务增长做出评估和分析，结合市场环境、经济形势和业务目标的变化，为下一年度销售薪酬激励计划的变化和新措施做准备。

五、设计团队

谁应该负责销售薪酬激励计划的设计呢？在大部分企业里，销售管理层是销售薪酬激励计划的所有人，承担计划设计、执行、管理和成功的总体责任。世界薪酬协会 2021 年公布的数据显示，涉及具体设计时，45%的企业由销售团队负责，29% 的企业由人力资源部门负责，20% 的企业由财务部门负责，剩余 6% 的企业由其他部门负责，如图 1-2 所示。

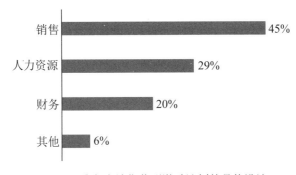

图 1-2　谁负责销售薪酬激励计划的具体设计

许多职能部门在销售激励薪酬计划的设计和成功中发挥着重要作用。这些职能部门都有各自与销售薪酬激励相关的核心利益和目标，需要在销售薪酬激励计划中得以体现。这些职能部门包括：

（1）高级管理层：CEO、总经理或创始人等高级管理人员作为企业所有薪酬计划的最终所有者，应确保销售薪酬激励计划与企业的愿景、战略及业务目标保持一致。

（2）财务：销售薪酬是一笔巨大的支出。财务部门关注销售薪酬激励计划的成本与收益，努力推动计划的结果与企业战略及财务目标的一致性。通常，财务部门参与总体销售目标设定、销售薪酬激励计划建模、成本评估和计划实施后的审计。

（3）人力资源：销售薪酬激励计划也是一个重要的人力资源项目，直接影响销售人员的激励、保留和绩效管理。人力资源部门负责企业的整体薪酬战略和薪酬的内部公平性，为销售薪酬激励计划提供市场基准和薪酬数据。同时，人力资源部门可以从企业文化、人才管理、岗位设计、员工体验和敬业度方面帮助优化销售薪酬激励计划。

（4）市场营销：市场营销团队负责市场、产品和营销策略及规划，向潜在客户宣传企业和品牌。销售通过将潜在客户转化为实际客户以实现盈利。成功的销售很大程度上取决于销售和市场团队紧密合作。

（5）IT：IT人员并不直接推动销售薪酬激励计划的设计。随着销售管理、客户管理和薪酬管理的数字化，IT人员可以为销售薪酬管理自动化、销售薪酬激励计划的日常管理和维护，以及销售人员的体验提供有价值的意见。

（6）法务：企业通常会公布销售薪酬激励政策和流程，并每年与员工签署销售薪酬激励计划相关文件。正式公布之前，法务部门需要审核各种相关文件，避免潜在的法律风险。

开始考虑销售薪酬激励计划时，就规划建立包含主要利益相关方的设计团队，确保各相关部门围绕同一个计划达成共识，并且为了实现企业的整体目标一起努力。设计团队需要精干，经验法则告诉我们，7人以下的团队工作和沟通效率更高。企业需要为设计团队提供必要的销售薪酬设计培训，确保设计团队既能够很好地代表企业及各个职能部门的需求，又可以为计划的设计，以及如何帮助销售团队塑造未来一年的业绩提供宝贵的见解和贡献。

心理学研究显示，人们愿意接受他们参与创造的事物，而不是强加给他们的东西。因此，没有什么事情比让销售人员在销售薪酬决策桌上占有一席之地更能激励他们。大多数情况下，销售人员不会直接加入设计团队。企业可以通过访谈、焦点小组和问卷调研等方式了解销售人员的需求和观点，尽可能解决销售人员提出的问题，根据他们的喜好设计计划细节。销售人员的参与有助于他们更快更好地接受新的计划，实现期望的销售行为，从而最大幅度地提高销售效率。

此外，企业可以考虑邀请外部专业咨询机构参与设计过程。这些机构的价值在于可以提供市场最佳实践、行业知识和大数据支持，对计划提出公正和客观的意见。专业咨询机构的另一个重要作用是为销售薪酬激励设计团队提供培训和辅导，让设计团队成员使用共同的语言、工具、方法和流程，提高设计效率。

本 章 小 结

即使对于经验丰富的销售薪酬专业人员，设计有效的销售薪酬激励计划也是一个巨大的挑战。设计人员需要使用一套结构化和逻辑化的方法和流程，确保设计过程顺利和高效。销售薪酬设计人员需要考虑以下问题：

- 有没有使用一个有效的框架和流程来设计销售薪酬激励计划？
- 设计人员是否接受了销售薪酬激励设计知识和技能培训？
- 设计团队是否包括主要利益相关方？
- 设计团队成员应该如何分工、沟通与合作？

第二章
我们要实现什么：计划目标

销售薪酬激励计划的第一步，也是最重要的一步，是确定计划的整体目标。目标阐述了管理层对销售薪酬激励计划的意图和期望，指引设计团队确定如何以一种对业务最有利的方式来激励销售人员为企业的成功做出贡献。后续的设计活动，如制定指导原则、设计激励机制等，都需要根据目标进行，将目标与期望的行为和结果联系起来。如果目标是增加特定产品的销售额，销售薪酬激励计划可以针对特定产品实施额外激励。如果目标是增加重复销售或提升每个客户的终身价值（Customer Lifetime Value，简称 CLV），销售薪酬激励计划可以为同一个客户所购产品提供分层激励。简而言之，企业通过销售薪酬激励计划目标创建一个强化和奖励积极行为的系统，让销售人员明确需要关注的重点和优先事项，实施和重复期望的行为以实现这些目标。

如图 2-1 所示，企业战略目标是团队销售目标的基础，销售薪酬激励

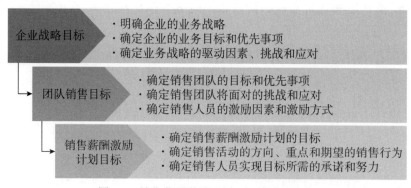

图 2-1　销售薪酬激励计划目标的设计步骤

计划通常是基于销售团队的目标设计的。许多企业和销售团队每年都会通过年度全员会议或书面形式，公布和宣导企业战略目标和销售团队目标。我们建议销售薪酬设计人员通过分析企业所处的业务生命周期的具体阶段，以及企业实施的销售策略和销售流程，从一个更高的视角深入理解现阶段企业对销售组织、销售岗位和销售薪酬的需求，从而更准确有效地设定支持战略和业务成长的销售薪酬激励计划目标。

一、从不同业务的生命周期出发

1. 企业业务生命周期

企业业务生命周期（Business Lifecycle），是企业的业务（产品或服务）在一段时间内分阶段发展的过程。大多数企业都会经历业务生命周期的四个不同阶段：启动阶段、增长阶段、成熟阶段和衰退阶段。企业在不同阶段面临不一样的业务挑战，需要以不同的战略进入市场，如图 2-2 所示。

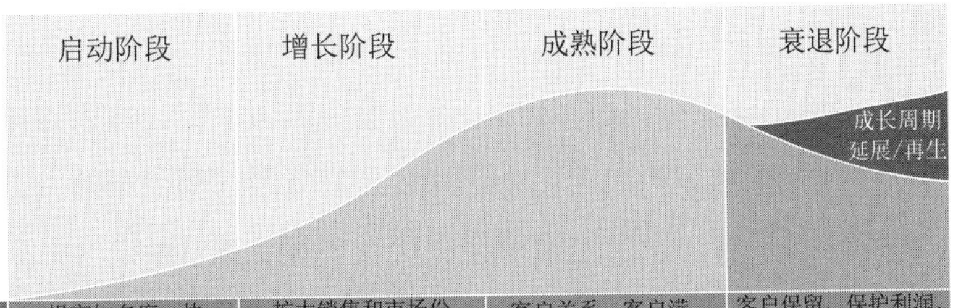

	启动阶段	增长阶段	成熟阶段	衰退阶段
业务重点	提高知名度、快速获得客户和市场	扩大销售和市场份额、可盈利的增长	客户关系、客户满意度、可盈利的增长	客户保留、保护利润、向新产品/新市场过渡
销售收入	低	增长	高峰	减少
投入/成本	极高	高	降低	持续
市场竞争	无/低	高	很高	很高
市场规模	小	增长	增长	萎缩
利润	无/低	增长	增长	减少

图 2-2　企业业务生命周期

（1）**启动阶段**。这一阶段，企业的产品或服务尚未被市场知晓或认可。企业需要通过高于平均水平的宣传和促销将产品或服务导入目标市场，创造对产品或服务的认知和需求，吸引目标客户购买。一般来说，启动阶段是成本密集型的，投资非常高，销售增长缓慢，销售收入非常低。大多数企业在这一阶段不会产生任何利润，专注于营销、销售策略和战术，希望在市场上成功定位产品或服务，获取客户，为下一阶段产生盈利打下坚实的基础。

（2）**增长阶段**。随着时间的推移，人们开始了解企业品牌，认可企业的产品或服务。随着越来越多的客户购买产品或服务，出现滚雪球效应，企业开始进入快速增长阶段。这一阶段的重点是扩大规模，赢得市场份额，让人们想到某种产品或服务时能想到你。这一阶段需要更多的投资。因此，虽然随着销售增长，总成本降低，企业盈利能力开始增长，但成本仍然高昂。同时，随着市场趋势的积极发展和企业利润增加，越来越多的竞争对手试图进入同一市场分一杯羹。这可能会导致价格战和模仿，从而损害企业的长期成功。增长阶段常常是企业调整商业计划、营销模式、销售模式和运营模式的最佳时机。

（3）**成熟阶段**。这一阶段，前期的强劲增长曲线开始变得平稳。产品或服务已经在市场上获得认可，不需要再大力推广。持续的销售额、较低的成本和逐渐增加的利润，让企业达到最佳销售和盈利的状态。这时，增长常常通过现有客户的增量销售和从竞争对手那里挖走客户来实现。在这一阶段，企业专注的重点是维护客户关系。通过提升客户体验、客户成长和客户保留，避免成为竞争对手攻击的目标。对于大多数企业来说，成熟阶段可能是最具竞争力的时期。如果维护得当，这个阶段可以持续数年。然而，随着增长速度减缓，企业需要思考下一阶段的策略：是沿着创新道路引入新的选项，还是开始考虑退出策略？

（4）**衰退阶段**。这个阶段，市场已经接近饱和，竞争非常激烈。由于大多数竞争对手可以提供相同的产品或服务，客户对产品和服务的兴趣逐渐降低。企业更多是在价格上竞争，销售业绩和盈利能力不断下降。同时，激烈的竞争需要更多的营销和销售投入来保持市场份额，这增加了企业的总体成本。当企业的营销无法再弥补这些投入时，产品或服务可能逐步退出市场，业务生命周期结束。这一阶段的重点是企业是否可以通过对产品或服务的改进或创新，满足客户变化的需求，延长生命周期，或者获得新生。智能手机是一个典型例子，企业不断对产品升级迭代，延长产品的生命周期。快速消费品是另一个例子，如洗发水、沐浴露、牙膏等产品不断增加新功能；许多快餐店和饮品店根据客户喜好趋势推出季节性新口味。

2. 不同阶段的销售薪酬激励

图 2-2 列出了企业业务生命周期每个阶段的特点和业务重点。虽然对于企业来说，实现快速可持续的增长是根本，但企业的销售策略很少，仅限于销售业绩。业务生命周期中，每个阶段都需要根据业务重点确定销售收入之外的其他目标。因此，不同阶段需要不同的销售人员完成实现这些销售策略目标的相关活动。对于销售薪酬设计人员来说，需要确保销售薪酬激励计划能够有效地帮助销售人员完成每个阶段的任务，从今天的某个阶段顺利过渡到明天的下一个阶段。

启动阶段，很多企业，特别是初创企业，由于资金有限，难以吸引和培养优秀的销售人员。这一阶段，企业通常使用通用型销售人员完成所有与销售相关的工作，销售队伍的规模往往较小。销售人员的主要目标是尽可能多地获取客户和实现销售。销售人员必须全力以赴发现和接触潜在客户，对潜在客户进行"教育"，让客户了解产品和服务。无论销售额是多是少，销售人员需要抓住每一次销售机会，影响客户的购买决策，尽可能多地完成销售业绩。有的情况下，企业也会要求销售人员实现其他目标。例如，电子游戏行业和在线教育行业，除了销售业绩，尽可能多地收取预付款常常是一个业绩目标。

进入增长阶段，企业的重点是进一步快速扩大市场份额，获取更多的客户。随着业务的发展，企业进入细分市场和不同区域。同时，随着重复销售的比重越来越大，客户需要企业提供服务和支持。

面对更多的潜在客户和竞争对手，启动阶段针对所有市场销售所有产品的通用销售人员已经不再适合。企业需要细分销售岗位，建立专业化的销售团队，同时扩大销售团队的规模。销售团队可以按产品、市场及细分客户进行专业化分工，如针对不同区域的一线销售人员。销售团队也可以按特定销售活动进行分工，如现有客户管理、新客户获取、销售支持等。例如，某化学制剂企业随着业务的快速增长，设置了战略客户经理和客户经理职位。战略客户经理负责全国性重要的大客户；客户经理则负责5～10个中等规模客户。而原有通用销售人员则作为销售专员负责一些小型客户。

图2-3中，销售专家加比·拉森提供了销售团队专业化模型：随着销售和客户逐步增长，销售组织和销售流程日益复杂，专业化势在必行，不同职责的专业销售岗位将不断增加。与单打独斗的通用销售人员相比，专业化销售团队的薪酬激励方案更复杂。销售管理层需要为每一个销售岗位量身定制销售薪酬激励计划。

进入成熟阶段后，竞争日趋激烈。销售团队的重点转向留住客户，通过更好地服务现有客户，提高重复销售、追加销售和交叉销售。这一阶段，企业也会优化销售策略以提高销售效率，如调整产品组合、优化区域设置、关注战略产品和最有价值的客户等。销售薪酬激励计划的绩效目标、激励机制和要素，也需要做相应的改变。

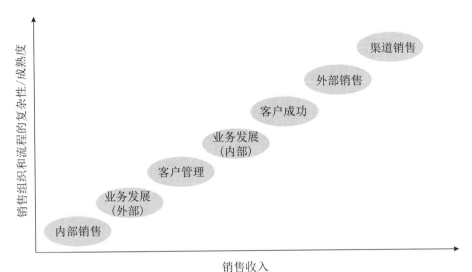

图 2-3 销售团队专业化

进入衰退阶段，企业为了重新获得增长动力，可能对产品或服务做出创新或升级，使之具有全新的价值主张，或者可以打开新的市场。而销售人员可能需要采取与以往不同的销售模式，销售薪酬激励计划也需要做相应的改变。

我们看一下一家生物制药设备制造商围绕业务生命周期阶段，设计销售薪酬激励计划的例子。

A企业是一家中外合资的生物制药设备制造企业。2018年年底，企业成立了一个新的事业部，计划于2020年推出一款创新产品，以期进入之前从未涉足的新市场。2019年6月底，企业完成了第一批销售人员的招聘。接下来的半年内，销售人员的主要任务是完成产品培训，与市场团队一起制订客户计划，并进行初始销售拜访。这一阶段，销售人员的激励与MBO（目标管理法）挂钩。MBO的目标包括产品培训完成率、客户拜访和产品演示数量。

2020 年是产品上市的第一年，销售人员的销售目标是专注影响和说服已积累的潜在客户，完成产品销售。销售人员的薪酬激励基于销售业绩。为鼓励销售人员与潜在客户建立健康的长期关系，企业没有为销售人员设定销售配额，但销售人员可以通过销售竞赛获得额外奖励。

自 2021 年起，销售人员的销售目标是专注现有客户实现更多的销售机会，以及开发新客户推动区域销售增长。企业为销售人员设定区域销售配额。销售激励与销售人员的区域销售配额完成率关联。如果全国销售业绩完成，销售人员可以获得额外的激励。与此同时，企业重新规划销售组织架构，增加业务开发和客户管理职能。通过专业分工，企业希望快速提高销售效率和规模。图 2-4 为该企业正在规划和实施的销售团队组织架构。

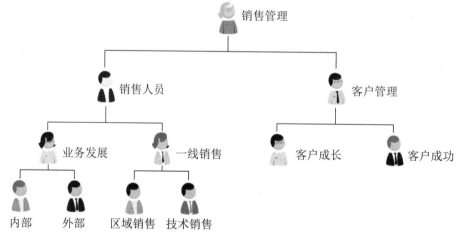

图 2-4　某生物制药设备制造企业销售团队组织架构示例

二、从不同的销售策略出发

一旦确定需要销售的产品或服务，销售团队的下一个问题就是如何实现销售目标。对这个问题，答案是形成与企业整体业务战略和核心竞争力一致的基本销售策略。销售矩阵是常用的销售策略工具，可以用来确定当前和未来需要在哪里开展业务，以及如何实现销售目标。

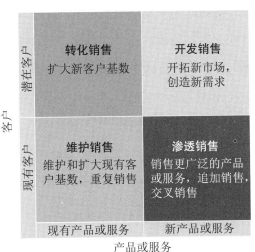

图 2-5 销售矩阵

如图 2-5 所示，销售矩阵有两个变量：客户和产品或服务。客户分为两类：潜在客户和现有客户。产品或服务也分为两类：现有产品或服务、新产品或服务。销售矩阵定义了每个象限企业的销售策略类型。尽管企业的情况千差万别，但几乎所有企业都可以运用其中的一项或多项类型，形成自己的基本销售策略。

（1）**维护销售**：维护销售的目标，是说服当前客户重复购买和增量购买现有产品或服务。

（2）**渗透销售**：渗透销售的目标，是向当前客户销售更广泛的现有产品或新产品。渗透销售通常包括追加销售和交叉销售。追加销售鼓励客户升级他们购买的产品或服务，或者购买附加组件。例如，说服客户升级到同款产品的最高配置，为笔记本电脑增加内存条等。交叉销售鼓励客户购买支持他们已购产品或服务的其他产品或服务。例如，向购买平板电脑的客户销售配套使用的书写笔。

（3）**转化销售：** 转化销售的目标，是说服竞争对手的客户转向自己的产品。

（4）**开发销售：** 指通过销售新产品或服务吸引新客户。

在业务生命周期的启动阶段，企业通常专注开发销售。随着越来越多的潜在客户成为现有客户，企业进入增长阶段，销售策略重点从开发销售转向维护销售。进入成熟阶段和衰退阶段，企业会在关注维护销售和渗透销售的同时，兼顾转换销售和开发销售。

定义基本销售策略后，企业可以继续使用销售矩阵设计或优化销售组织，部署销售岗位类型和数量。如之前讨论的，初创企业或小型企业受限于资金和资源，可能让通用销售人员完成所有的销售目标。而成熟企业会设置专业分工明确的销售岗位，通过专业化和定制化的销售体验，实现企业业务战略目标。让我们看一下某工业产品制造企业运用销售矩阵配置和部署销售团队的示例。

B公司是一家行业领先的工业产品制造企业。该企业60%的业务由现有客户的销售实现。企业建立了客户经理团队，负责现有主要行业客户的保留和销售。同时，企业在各地区设置了区域销售团队，负责所在区域小型客户的销售。企业发现通常情况下，实现对新客户的销售需要比实现对现有客户的销售多四五倍的时间。

面对新客户销售时，销售人员需要用更多的时间了解市场趋势、客户购买动态和竞争对手的做法。为此，企业设立了业务开发团队，负责向新客户销售现有产品和新产品。企业每年都会推出一些创新产品，或对已有产品升级迭代。企业设立技术销售团队，团队成员作为产品和技术专家，与区域销售人员、客户经理及业务开发团队密切合作，推动具有高度技术性的新产品的销售。图2-6为该企业销售矩阵与销售岗位配置示例。

图 2-6 某企业销售矩阵与销售岗位配置示例

三、从不同的销售流程出发

销售流程（Sales Process），有时也称销售周期（Sales Cycle），是一系列将潜在客户转换为购买客户的可重复的销售步骤。销售流程从与潜在客户的最初接触开始，到最终完成产品或服务销售，定义完整的客户购买旅程，帮助销售团队正确地做正确的事情。精心设计的销售流程具有许多长期优势，包括构建完善、统一的销售团队结构，拥有清晰的销售行动路线图，更容易找到合格的潜在客户，能确定哪些销售活动有效、哪些销售活动无效，提升销售效率，创造更好、更一致的客户体验，新的销售人员能快速轻松地学习，创建更准确的销售预测。

销售管理协会（Sales Management Association）指出，90% 业绩表现良好的企业使用正式的销售流程。《哈佛商业评论》发表的研究显示，与没有标准化销售流程的企业相比，具有标准化销售流程的企业的销售收入要高出 28%。

成熟的销售组织，会明确定义自己的销售流程。企业需要设计与业务、销售人员、客户及产品或服务相匹配的销售流程，并确保所有销售人员在提供积极的客户体验方面保持一致性。大部分企业的销售流程都不尽相同。然而，销售过程中涉及的基本步骤大多是相似的；从寻找客户、获取客户、启动销售到与客户建立长期的关系。我们以图 2-7 所示的五步通用销售流程来做说明。

图 2-7　通用销售流程示例

第一步：发现商机。这个阶段，销售人员的任务是寻找和发现潜在目标客户群体。销售人员需要接触潜在客户，评估企业的产品或服务是否适合他们，以及是否应该大力推动进入下一阶段。

第二步：探寻需求。销售人员通过面对面会议、电子邮件、电话或社交媒体与客户深入接触，发现、澄清并理解客户的痛点和需求。销售人员需要全面准确地定位客户需求，制定客户销售策略，推销正确的产品或服务，为客户创造定制化的销售体验。

第三步：提供价值。销售人员通过向目标客户展示产品或服务的不同功能和价值，以及它们如何满足客户的需求，将产品或服务的特点与客户的具体利益联系起来。这是销售过程中最关键的一步，销售人员的努力是否会转化为成果，取决于这个阶段他们的说服力和影响力。

第四步：达成销售。这个阶段，销售人员推动目标客户签署合同，完成购买，成为购买客户。理想状态下，这是实现双赢、愉快互动的时刻。

第五步：客户支持。产品交付或客户已经使用一段时间后，销售人员需要跟进了解客户是否仍然对自己的体验感到满意，回答客户的问题，协调售后支持。销售人员需要培养长期的客户关系，寻找机会向上销售或交叉销售。这个阶段也是寻求现有客户推荐潜在客户的绝佳机会。

不同销售阶段，销售目标及销售人员和客户的互动方式都不同。因此，需要的销售技能也不同。今天的销售过程不仅仅是销售产品或服务并完成交易，更重要的是，通过个性化客户体验和服务，建立长期的客户关系。随着业务的发展，企业通常会对销售团队进行专业化分工，设置不同的销售岗位，完成不同阶段的销售任务。表 2-1 列出了上述五步通用销售流程不同阶段常见的对应销售岗位。

表 2-1　销售流程与销售岗位示例

	发现商机	探询需求	提供价值	达成销售	客户支持
目标	寻找和接触潜在客户	了解和定位客户需求	向客户展示满足其需求的产品或服务	完成销售	客户支持与服务，建立长期关系
销售岗位	内部销售人员 内部业务发展人员 外部业务发展人员 电话销售人员	内部销售人员 内部业务发展人员 外部业务发展人员 电话销售人员	一线销售人员 客户经理 大客户经理 行业客户经理	一线销售人员 客户经理 大客户经理 行业客户经理	客户成功经理 客户服务经理 客户经理 内部销售人员

销售组织的专业化分工不是绝对的。数字化科技发展和新兴企业不断出现，带来新型产品和服务以及新的商业模式。许多新的销售模式也随之诞生，如线上线下结合的销售模式。基于互联网销售的企业，销售流程通常在线上完成。例如，某家电电商企业，从寻找客户到与客户达成交易的步骤均由内部销售人员在线完成。客户在线付款，完成购买后，客户服务团队介入，完成安装、售后支持和后续易耗配件销售。今天，许多传统行业也开始使用新的商业模式，销售流程和销售岗位也随之发生变化。

某工业安全检测设备制造企业的核心产品为工业安全检测系统。除了继续使用传统的商业模式，企业尝试使用 SaaS（Software as a Service，软件即服务）模式提供安全检测服务。企业无偿为客户提供安全检测设备和检测服务，客户通过订阅方式购买检测数据。在这种 SaaS 模式下，客户无须再投资昂贵的检测设备和检测人员，企业则通过数据订阅方式融入客户的运营，获得长期的收益。企业针对 SaaS 业务模式设计了不同的销售流程，设置了针对本企业特点的新的细分销售岗位。图 2-8 为该企业 SaaS 业务模式的销售流程与销售岗位。

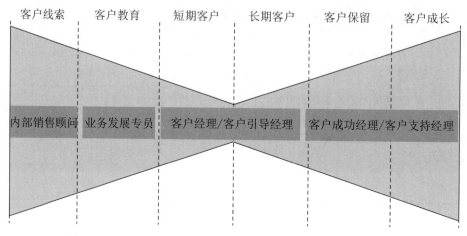

图 2-8　某工业安全检测设备制造企业的销售流程与销售岗位示例

四、设定销售薪酬激励计划的目标

对现阶段企业在销售组织、销售岗位和销售薪酬方面的需求有了深刻认知后，销售薪酬设计人员可以着手设定支持战略和业务成长的销售薪酬激励计划的目标。

1. 销售薪酬激励计划的目标

制订销售薪酬激励计划目标，首先要明确企业的业务战略目标。企业的使命和愿景是什么？企业的 3 ～ 5 年中长期业务战略目标是什么？企业 1 ～ 2 年短期业务战略目标是什么？企业的业务现状是什么？面临的挑战是什么？明确企业的业务战略后，销售薪酬设计人员需要进一步确定销售团队的目标。销售管理专家杰森·乔丹将销售团队的目标归纳为四大类（表 2-2），便于管理层高效地制订销售团队的目标和行动计划。

表 2-2　销售团队目标分类

序号	销售团队目标类别	示　例
1	市场覆盖率：销售团队覆盖市场的能力	■ 增加销售人员数量 ■ 提升市场渗透率
2	销售团队能力：销售团队达成交易的能力	■ 提升交易成功率 ■ 优化销售价格
3	以客户为中心：销售团队吸引和留住客户的能力	■ 改进客户体验 ■ 降低客户流失
4	产品重点：销售团队销售产品的能力	■ 优化产品组合 ■ 核心产品销售

下一步，销售薪酬设计人员可以制订年度销售薪酬激励计划的整体目标，以支持战略目标和销售团队目标的实现。销售薪酬设计人员需要考虑和评估影响战略目标和销售团队目标的不同因素，包括市场趋势、客户行为、人才供给等。这些因素需要在销售薪酬激励计划中得到体现。同时，销售薪酬设计人员需要仔细分析销售人员过去的数据和行为，确定现行的销售薪酬激励计划需要改进的地方，以便为新一年的计划设定一个或多个目标。这一过程中，销售薪酬设计人员可以尝试向管理层和其他利益相关方询问探索性问题。这类问题有助于理解销售管理层希望销售薪酬激励计划真正要实现的是什么。以下是一些探索性问题的例子：

● 我们的销售团队是否能够快速满足不断变化的市场条件？

● 销售人员对销售过程有什么了解？

● 哪些区域需要更高的能见度？

● 之前的计划推动了哪些行为？

● 什么阻碍了销售团队的生产力？

- 为什么利润率没有达到预期目标？
- 为什么产品库存水平居高不下？
- 我们如何衡量投资回报？
- 销售人员是否掌握最新的产品知识？
- 上一年度收到了多少客户投诉？
- 销售人员是否了解新的促销活动？

过去，销售激励薪酬计划的目标似乎很简单。企业通常专注特定的销售目标，比如今年销售额达到××，然后奖励实现目标的销售人员。现在，企业不再一味地追求短期销售增长，而是关注广泛和长期的战略价值。销售薪酬激励计划被赋予更多的意义。例如，企业越来越关注产品和服务带来的客户体验，细分客户和行业，制定不同的盈利目标和销售策略。反映在销售薪酬激励计划上，客户保留、客户满意度等以客户为中心的绩效指标被广泛采用。咨询公司普华永道2017年年初的调研报告显示，金融服务企业将提高客户满意度定为其销售薪酬激励计划的首要目标，增加销售收入排在第二位，改进销售人员的知识、技能和行为排在第三位。

另外，战略价值的实现取决于需要什么类型的销售人才，以及需要多少。销售是人才竞争最激烈的领域之一，人们越来越关注销售薪酬激励超越其货币价值的内在价值。这促使企业深入思考销售薪酬激励计划在销售人才激励、保留和发展方面的作用。尽管员工敬业度和流动率等人才管理指标不会直接出现在销售薪酬激励计划中，但销售薪酬激励计划的成功与否会直接影响这些关键指标。销售薪酬激励计划已经超越了金钱，它关乎怎么让企业赢得人才战争，以及怎么让销售人员更渴望销售企业的产品。

综上所述，提高整体销售额依然是大多数销售薪酬激励计划的主要目标之一，但越来越多的企业超越这一单一重点，追求多个不同目标。常见销售薪酬激励计划目标如下。

- 增加销售额
- 增加销量
- 提高毛利率
- 增加现金流
- 增加平均合同期限
- 增加平均交易规模
- 增加回头客的比例
- 提高客户保留率
- 提高追加销售或交叉销售率
- 降低费用
- 销售特定产品
- 增加特定产品的销售额
- 提高客户的终身价值
- 吸引目标客户
- 减少折扣频率
- 增加特定类型的客户
- 减少平均折扣额
- 获得种子客户

- 尽可能多地增加新客户
- 提高客户满意度
- 现有客户销售增长
- 推动最大续费率
- 推动交易进入销售渠道
- 优化交易规模
- 推动特定的产品组合（如刚加入产品线的新产品）
- 尽可能多地获得预付现金
- 提高客户推荐率
- 获得稳定的常规交易（而不是一些在时间和成交确定性上不可预测的大型交易）
- 最大化市场份额
- 迅速进行区域扩张
- 快速获得大量客户
- 优化交易流程
- 增加产品演示和培训

随着企业寻求更有效的方法来提高销售效率，上述目标清单会不断变化和扩充。目标设定的关键在于，应该反映企业的独特需求，以及希望通过销售薪酬激励计划实现什么。

2. 设定目标的核心原则

销售薪酬激励计划目标应该符合以下原则。

（1）一致性：符合企业愿景和业务战略目标。

（2）可衡量：可以通过现有系统／流程跟踪和量化衡量。

（3）可实现：对销售人员具有挑战性，但可以实现。

（4）可控性：销售人员可以控制或影响目标的实现。

与企业战略目标保持一致是其中的核心原则。这种一致性确保销售管理层和销售人员都知道他们的优先事项，理解实现目标后的回报，以及最终结果对企业的影响。由此设计的销售薪酬激励计划将是未来一年销售人员推动销售目标实现的路线图。当销售薪酬激励计划目标与企业的战略目标不一致时，企业试图实现的目标与销售人员关注的目标之间就会出现脱节。销售人员通常会从销售薪酬激励计划中得出假设，将活动和精力集中在他们认为能给自己带来最多激励薪酬的事情上。例如，过度关注某一产品或服务，而忽视或回避其他产品或服务。这种"按计划行事"的自然倾向，可能违背企业的最佳利益。

3. 目标数量

销售薪酬激励计划目标数量应控制在 1 ～ 3 个的最佳范围。不要试图在一个销售薪酬激励计划中解决所有的销售问题，而应着眼于为未来打下牢固的基础。目标太多会导致销售人员注意力分散，失去方向和重点，降低销售薪酬激励计划的影响力。

如果设定了多个目标，可以确定每个目标的优先级别，并据之将目标分为主要目标和次要目标。所有的目标应该围绕企业战略目标相互关联，而不是各自独立。尽管不是统一的标准，我们经常看到销售薪酬激励计划的主要目标直接与某种销售财务指标挂钩，如销售额。次要目标经常与战略指标或活动指标挂钩，如市场占有率。企业需要不同层级的目标设置不同的考核和奖励规则。这将帮助销售人员明确重点和方向，合理分配销售资源和时间。

表 2-3 为某初创 SaaS 企业的年度销售薪酬激励计划目标。作为初创企业，现金短缺和融资成本高昂是企业面临的巨大挑战。因此，企业将增加销售收入和尽可能多地收取预付现金作为主要目标，将增加新客户的数量作为次要目标。

表 2-3　某初创 SaaS 企业的年度销售薪酬激励计划目标

主 要 目 标	次 要 目 标
■ 增加销售收入 ■ 尽可能多地收取预付现金	■ 增加新客户

表 2-4 为某化工企业的年度销售薪酬激励计划目标。该企业正处于快速扩张阶段。年度销售薪酬激励计划的首要目标为增加销售收入，次要目标为获得更多的新客户和保持一定的毛利率。

表 2-4　某化工企业的年度销售薪酬激励计划目标

主 要 目 标	次 要 目 标
■ 增加销售收入	■ 获得更多的新客户 ■ 保持一定的毛利率

4.目标传达

目标设定后，企业需要以书面形式将目标传达给销售人员。目标的描述应该简短明了，不超过两句话。例如，"在 2021 财年达到 10% 的销售增长，实现 1 亿元销售收入"。这一点很重要，使用简洁而令人难忘的语言，销售人员可以像口头禅一样重复，有利于强化目标的重要性，推动目标的实现。

五、协调各职能部门的利益

不同的职能领域影响着销售的成功。这些影响需要在销售薪酬激励计划设计中得到体现。最大的挑战在于，不同的部门在同一时间可能会有相互冲突的利益和优先事项。例如，财务部门可能希望销售收入或利润是销售薪酬激励的决定因素，以确保整个财年的财务规划是可行的。很多时候，财务部门还希望销售人员承担起收款人的角色，协助财务部门改进客户的回款流程。人力资源部关心销售人员的总体收入是否有竞争力，以避免人才流失。研发部门希望销售人员推广市场认知度不高的新产品，以获得持续的研发投入。市场部门希望销售人员严格执行价格政策，减少折扣，提高利润率。生产和物流部门担心销售季节性波动，会造成生产和物流的瓶颈。

　　设计时，销售薪酬设计人员就需要邀请相关职能部门参与制定目标，掌握他们的需求和绩效目标，了解他们希望从销售人员那里看到哪些可衡量的结果，将他们的利益整合到销售薪酬激励计划中。销售薪酬设计人员可以使用表2-5的销售薪酬激励计划目标设定作为讨论和设计的起点。销售薪酬设计人员的职责，是让所有关键利益相关者就新一年的销售薪酬激励计划的目标达成一致，在整个组织中创建积极向上的协作环境，最终帮助销售人员和销售薪酬激励计划获得成功。

表2-5　销售薪酬激励计划目标设定模板

业务战略目标是什么？	
目前的业务情况如何？	
我们遇到的挑战是什么？	
挑战在不同职能部门、不同区域、不同产品线方面有什么不同？	

续表

新一年销售团队需要实现哪些目标来推动我们的战略目标？（如提升客户保留率）	上一年目标的结果：（如2021年年底客户保留率为72%）	新一年期望达成的目标结果：（如2022年客户保留率为80%）
新一年销售薪酬激励计划需要实现哪些目标来推动销售团队目标的实现？（如增加销售额）	上一年目标的结果：（如2021年销售额8000万元）	新一年期望达成的目标结果：（如2022年销售额1亿元）

本 章 小 结

　　设计销售薪酬激励计划时，首先要确定计划的目标。许多企业的错误是，在没有明确、简洁的书面目标的情况下，匆忙设计和实施销售薪酬激励计划。目标可以是增加收入、增加利润、推广特定产品、提高客户保留率等。目标应该与总体业务战略目标及各职能部门的目标保持一致，并最终回归业务。这种一致性将帮助销售薪酬设计人员设计良好的激励方案，驱动符合企业和客户需求的销售行为，从而增加企业和销售人员的收入。制订销售薪酬激励计划目标时，销售薪酬设计人员需要问自己：

■ 企业需要实现哪些战略目标？

■ 销售薪酬激励计划需要达到什么目标？我们需要做出哪些具体行为？

■ 我们过去的计划执行得怎么样？哪些方面需要调整？

■ 我们是否根据各职能部门的反馈，从不同角度审视可能被忽视的重要问题？

第三章
我们遵循什么规则：指导原则

销售薪酬激励计划涉及所有关键利益相关方的利益。即使各方已经就销售薪酬激励计划需要实现的目标达成一致，实际设计依然可能是一个博弈过程。各利益相关方会基于各自的立场和利益，提出不同的观点和意见，试图影响设计过程和决策，以期制订对自己最有利的计划。很多时候，设计团队中最有权力或影响力的人主导设计。他们可能有最响亮的声音，却不一定有最具价值的想法。最终的计划或试图面面俱到，解决所有问题，却因此失去重点和激励效果；或失之偏颇，引起销售人员或职能部门之间的矛盾。例如，高级管理层将控制销售费用作为优先事项，试图在销售薪酬激励计划中控制销售人员的薪酬成本，这么做可能导致销售人员士气低落。因此，销售薪酬激励计划目标设定后，销售薪酬设计人员需要继续与关键利益相关方合作，制定一套指导原则，帮助引导和规范接下来的设计过程。

一、什么是指导原则

指导原则是一套高屋建瓴的准则，描述管理层对于如何实现销售薪酬激励计划目标的理念，为销售薪酬激励计划的整体方案和每个要素的决策建立框架和标准。对所有人来说，指导原则确定后是不可以再谈判的，整个设计过程不允许偏离指导原则。指导原则引导设计团队聚焦重点，集中注意力，避免被各种噪声干扰，确保最终的设计将满足未来销售环境中关键利益相关者的需求。

那么，为了让关键利益相关方支持销售薪酬激励计划设计，哪些指导原则是必要的呢？指导原则通常涉及以下几个方面。

（1）企业绩效：例如，业务目标是否一致？是否针对正确的目标客户群体？

（2）个人绩效：例如，我们是按绩效付薪吗？是否因销量增长而获得奖励？

（3）公平性：例如，是否为不同区域的销售人员提供平等的机会？

（4）市场竞争力：例如，是否能留住表现最好的员工？

（5）财务可行性：例如，销售薪酬成本是否与预测的成果一致？

（6）执行便利性：例如，是否易于理解和管理？

销售激励薪酬计划指导原则示例如下。

企业绩效：	■ 奖励现有客户的增量销售
	■ 关注核心产品
	■ 获得新客户，从而提高市场份额
	■ 奖励发展客户关系的核心能力
	■ 与业务目标保持一致，并随着业务目标的变化而调整
	■ 获取新的市场份额
个人绩效：	■ 根据销售额支付激励薪酬
	■ 使用定量绩效指标，消除主观判断
	■ 优秀的销售人员将有更高的激励杠杆
	■ 提高大部分销售人员的销售业绩
	■ 奖励高绩效的销售人员

公平性：	■ 使用定量绩效指标，消除主观判断
	■ 区域优势与销售努力之间的平衡
	■ 区分销售职责

市场竞争力：	■ 每位销售人员的目标薪酬高于行业平均水平
	■ 激励薪酬比例高于市场水平
	■ 我们将采用人工成本法，而不是销售成本法
	■ 基本薪酬保持市场水平

财务可行性：	■ 销售薪酬成本与销售预测一致
	■ 关注成本效益
	■ 重视销售薪酬回报率

执行便利性：	■ 保持简单，避免复杂
	■ 销售人员可以衡量他们的绩效，随时计算奖励
	■ 易于执行
	■ 公开透明，易于与销售人员沟通

　　我们要强调的是，指导原则不是销售薪酬激励计划的具体措施，如薪酬组合的比例或支付频率，而是制定这些具体措施依据的原则和标准。这些原则和标准为评估或修正现有激励薪酬计划和设计新的计划奠定了基础，确保未来的计划与管理层的战略目标一致。

　　我们以创智咨询的案例来详细说明指导原则。

　　创智咨询是一家专注为中小企业提供薪酬管理软件和咨询服务的企业。创智咨询的薪酬管理软件可以单独使用，也可以与常用的 ERP 系统整合，为用户提供高效准确的薪酬计算、预算、报告和数据统计分析。企业同时提供薪酬体系咨询、设计和优化服务。创智咨询的战略目标，是成为行业领先的中小企业薪酬管理数字化合作伙伴。创智咨询通过有竞争力的价格快速占领市场。2021 年，企业销售薪酬激励计划的目标是实现软件销售 30% 的增长。销售薪酬设计团队确定了四项指导原则：保持简单、专注软件销售、推动软件和咨询的产品组合、推动高绩效和外拓型销售（Outbound Sales）。根据指导原则，销售薪酬设计团队为销售薪酬激励薪酬计划的不同要素制定了针对性的设计方案和举措（表 3-1）。

表 3-1　创智咨询销售薪酬激励薪酬计划的指导原则

指 导 原 则	设计方案和举措
保持简单	绩效指标不超过 3 个，公式尽可能简单
专注软件销售	各要素设计倾向于推动软件销量的快速增长
推动软件和咨询的产品组合	通过咨询业务提高利润率
推动高绩效和外拓型销售	有竞争力的目标薪酬、高激励杠杆、聚焦外拓型销售

二、制定指导原则

指导原则提供方向性的见解和广泛的标准，以确定适当的薪酬计划设计应该怎么做。指导原则应提纲挈领，避免过多繁枝细节而变成销售薪酬激励计划的具体措施。为了让销售薪酬设计人员保持专注，降低设计复杂性，指导原则的数量不宜过多。一流的企业，通常使用 3 ～ 6 个指导原则指导销售薪酬激励计划设计过程。每个指导原则应该使用简洁的词语，避免使用冗长的句子。例如，"按绩效付薪""奖励盈利增长""鼓励寻找新客户"。这样可以让指导原则朗朗上口，易于记忆和使用，确保销售薪酬设计人员始终使用它们规范设计过程和评估设计成果。

除与战略目标保持一致外，指导原则还需要与企业文化、高管层的管理理念和风格，以及企业的整体薪酬理念相符合。每个企业都有自己的文化。即使有书面文件描述企业文化，销售薪酬设计人员也需要在指导原则设定之初，对相关高级管理人员进行深入访谈，获得他们对销售薪酬设计的期望和见解。这一点对确保设计方向与企业文化、高管层的理念和风格吻合至关重要。例如，崇尚狼性文化、结果导向的企业和强调以人为本、失败是最佳学习路径的企业，在如何设定优秀销售人员和后进销售人员的收入差异方面的做法可能截然不同。

与每个企业都有自己独特的文化一样，每个企业也都有自己的薪酬理念。如果人力资源政策里没有正式的整体薪酬理念，销售薪酬设计人员可以通过对管理层和人力资源负责人的访谈获得相关信息。很多时候，即使存在书面的正式薪酬理念，也往往不适用于销售团队。例如，企业的整体薪酬水平定位于市场平均水平，而对于销售团队，企业可能需要执行领先市场的付薪水平。因此，在设计之初澄清这些关键点非常重要。

制定指导原则时，销售薪酬设计人员常常会发现不同原则之间存在着内在反作用力。激励计划应具有激励性，吸引和留住销售人才，但不能过于增加财务负担。激励计划既要保持公平性，给每个销售人员实现更佳业绩的机会，又要具有成本效益。激励计划既要支持多个业务目标，又要简单而易于管理。这些内在反作用力使制定指导原则说起来容易做起来难，要求销售激励设计人员做出正确的选择和平衡。

企业面临的挑战不断发生变化，使得销售薪酬激励计划每年发生变化成为常态。很多企业，虽然每年的目标都是新的，但一些指导原则是持续的，如按绩效付薪和保持计划简单易行。这样做可以保持销售激励薪酬体系的一致性和延续性，降低激励计划改变可能导致的对管理层的不信任，减少销售人员学习和适应新计划的时间。

指导原则制定和批准后，管理层应将指导原则传达给每一个销售人员，确保他们理解计划背后的理由和标准。当销售人员了解新计划是如何制订的，以及他们在实现战略业务目标方面可以发挥作用时，他们更可能迅速而真诚地接受和执行新计划。事实上，指导原则应该始终是管理层与销售人员沟通内容的一部分。这种沟通意味着以一种明确且令人信服的方式向员工销售未来，让他们理解自己是如何为企业和自己创造价值的。

本 章 小 结

指导原则是销售薪酬激励计划设计必须遵循的准则，为销售薪酬激励计划的整体方案和每个要素的决策建立原则和标准。指导原则帮助设计团队成员，确保其激励计划和设计方案与企业的文化、战略和目标保持一致。离开指导原则，设计过程可能会变得杂乱无序、莫衷一是。设定指导原则时，销售薪酬设计人员需要回答以下问题：

- 我们的指导原则是否与战略目标及整体薪酬理念一致？
- 我们的指导原则是否支持销售薪酬激励计划的目标？
- 我们的指导原则能否平衡所有关键利益相关者的需求？

第四章
销售人员正在做什么：职责定位

多数情况下，任何销售岗位最重要的职责都是说服客户购买产品或服务。然而，仅仅根据这一点，并不能设计出有效的销售薪酬激励计划。我们看以下两个问题。

（1）负责发现新客户、专注新客户销售的销售人员的薪酬方案，是否应该与专注现有客户重复购买的销售人员的薪酬方案一样呢？显然不是。这两个销售岗位的薪酬组合、绩效指标和激励机制应该有所差异。

（2）大量参与交易完成的业务型销售经理的薪酬方案，是否应该与大部分时间负责指导和培养团队的管理型销售经理的薪酬方案一样呢？显然也不是。虽然大多数企业基于向其汇报的所有销售人员的总销售业绩计算销售经理的总收入，但业务型销售经理应该获得更高比例的激励薪酬，而管理型销售经理应该获得更高的基本薪酬。

因岗设薪是销售薪酬设计的一个基本原则。大多数情况下，企业针对销售岗位而不是销售人员个人制订销售激励薪酬计划。相同销售岗位的销售人员应该始终使用相同的销售薪酬激励计划，也就是相同的薪酬组合、激励杠杆、绩效指标、激励机制和实现目标的机会。销售人员有一种模糊的说法："我们团队每个人有一个销售薪酬激励计划。"实际上，正确的表述应该是每一类销售岗位有一个销售薪酬激励计划，而同一岗位上的不同销售人员的基本薪酬和销售配额，可能会因为所处细分市场或地理区域的不同而不同。

没有一个可以适用所有销售岗位的销售薪酬激励计划，一个关键原因是很难找到一个或多个可用于所有岗位的通用衡量标准。如果企业试图通过一个通用计划去激励所有的销售岗位，就可能需要在计划中加入许多不同的指标，建设一个包罗万象的绩效标准系统。这可能会是一个非常复杂的计划，让销售人员感到困惑。不同岗位使用一个通用计划，会驱动并强化对某些岗位的正确销售活动和行为，但对其他岗位的销售行为几乎没有影响或产生负面影响。因此，企业需要针对每个销售岗位制订销售薪酬激励计划。

一、区分不同的销售岗位

如果你的企业只有几个拥有客户关系并负责每笔销售交易的一线销售岗位，定义销售岗位职责可能非常简单直接。然而，对越来越多的企业来说，销售生态体系变得日益复杂，参与销售的人员也越来越多。例如，一家机械设备制造企业的销售团队包括一线销售代表、客户经理、大客户经理、项目销售经理、业务发展经理、内部销售代表和销售管理层。这些角色都参与销售过程，但对客户购买决策的影响程度各不相同，服务和满足客户需求需要的工具、流程和交付成果也不同。没有明确的职责定义，不了解销售岗位如何创造价值，很可能导致向销售人员错误地付薪。正如我们之前提及的例子，如果销售经理承担了很大一部分销售业务，但薪酬计划实际上并没有激励他这么做，那么后果可想而知。

销售岗位职责描述（Job Description）是定义销售岗位的常用工具。企业需要为每一个销售岗位精心撰写销售岗位职责描述。销售岗位职责描述通常包括岗位的主要职责，岗位的绩效目标和预期结果（绩效考核），与客户的关系，权限级别和范围，销售人员的行为和活动。

在日益复杂的销售生态系统中，不同的销售岗位在整个销售周期扮演着不同的关键角色，间接或直接地影响着其他销售岗位的成功。这意味着要意识到一个销售岗位如何影响另一个销售岗位的薪酬。例如，负责新销售线索的业务开发销售人员，与专注现有客户的一线销售人员可能会彼此影响对方的业绩。为了使销售薪酬激励计划真正有效，制定销售岗位职责描述后，销售管理层需要进一步明确该职位的哪一部分将通过销售薪酬激励计划获得奖励。例如，区域新客户的销售，识别和吸引潜在客户的能力，增加对现有客户的追加销售，负责销售的技术解决方案的演示，签约新客户。

通过以上步骤，企业可以细致而精确地定义不同的销售岗位，销售岗位职责描述示例如下所示。

岗位职责描述——业务发展代表

业务发展代表的主要职责是通过与潜在客户联系和建立牢固的关系来获得新的商业机会。业务发展代表在负责的区域内寻找和发现潜在客户，通过面对面拜访为客户提供产品和服务演示，影响和说服客户达成交易，成为我们的合作伙伴。业务发展代表还将确保优异的客户服务和体验，为牢固的客户关系和长期业务增长做出贡献。

主要职责

- 在负责的区域获取新的客户
- 向新客户销售公司的产品和服务
- 负责完整的销售流程，包括制订、提交和实施解决方案
- 协调企业的资源，管理客户的期望和满意度
- 完成新客户销售后将客户无缝地移交给指定的客户经理
- 在区域销售经理要求时协助其他销售和服务人员

绩效考核

- 完成指定的销售配额
- 实现指定的盈利目标
- 实现指定的新客户获取目标
- 指定的时间范围内完成指定的产品和销售技能培训

权限与责任

- 本职位向区域销售经理汇报工作

- 本职位为个人贡献者，没有直接下属

- 与市场部门、技术部门和生产运营部门合作，获取需要的销售支持和资源

- 将新客户转交给客户经理

- 与客户服务代表合作，确保客户满意度

注：这不是完整的岗位职责描述，仅列出了与销售薪酬激励计划设计相关的部分。

二、确定基准销售岗位

对于几个或十几个人的小型销售团队，可以根据每个岗位的工作职责制订销售薪酬激励计划。然而，对于全国性或全球性复杂销售组织来说，为每一个销售岗位制订销售薪酬激励计划可能是复杂纷繁且不切实际的工作。这些销售组织可能拥有数百个销售岗位，这些岗位分布在不同的区域或事业部，面对不同的市场和客户，销售不同的产品或服务。这些销售岗位的名称千差万别，工作职责各不相同。在这类复杂的销售组织中，设计销售薪酬激励计划的一个关键步骤是建立基准销售岗位。通过深入了解每个销售岗位的方方面面，分析和定义岗位工作职责，将所有岗位分组归类，映射到少数几个标准化的基准销售岗位。这样，即使有再多的销售岗位，也可以通过基准销售岗位决定每个销售岗位是否有资格获得销售激励，以及获得什么类型的销售激励。基准销售岗位使销售薪酬激励计划设计具有一致性和公平性，沟通更加清晰，并使计划的设计和实施更加容易。

为了简单，一些销售组织使用猎人 / 农夫模式（Hunter/Farmer）作为其销售团队的基本组织模式。在猎人型销售岗位上，销售人员专注不断寻找和获得新客户，他们的重点在于达成交易。完成一笔交易后，他们会很快寻找

和进入下一笔交易。与猎人形成鲜明对比的是，农夫型销售岗位将重点放在人的因素上，专注与客户建立、维持和发展持久的关系。他们关注现有客户的新机会，通过客户的重复销售、追加销售和交叉销售实现销售业绩。

初创企业注重获得新客户和新市场，销售团队以猎人型销售岗位为主。成熟企业大部分时候需要同时将业绩和生产力集中于新客户和现有客户，销售团队通常包括猎人型和农夫型销售岗位。有时候，当市场增长要求在新业务增长和现有客户保留之间取得平衡时，或者出于人员和成本控制的需要，企业需要兼顾猎手和农夫角色的混合型销售岗位。表 4-1 列出了猎人、农夫和混合型销售岗位的特征和薪酬激励要点，表 4-2 为基准销售岗位示例。

表 4-1　猎人、农夫和混合型销售岗位

	猎　人	农　夫	混　合　型
职责	专注新客户、新业务	现有客户的重复销售、追加销售和交叉销售	兼顾猎人和农夫的职责
代表职位	■ 业务开发专员 ■ 一线销售人员 ■ 外部（Outbound）销售人员	■ 客户经理 ■ 客户成功经理 ■ 内部（Inbound）销售人员	结合猎人和农夫需要的各种能力
适用企业	■ 竞争激烈的市场 ■ 成熟企业 ■ 兼顾获得新业务和保持现有业务 ■ 长而复杂的销售周期		■ 初创企业 ■ 寻求加速增长的企业 ■ 高度饱和且目标客户清晰的市场
销售激励薪酬要素	■ 新收入或利润率 ■ 高薪酬组合，如 50/50	■ 现有客户销售收入 ■ 温和薪酬组合，如 70/30	■ 新业务和已有业务收入，由管理层分配权重 ■ 新业务收入或利润率：强调通过获得新客户或向现有客户销售其他产品或服务 ■ 薪酬组合：介于猎人和农夫的薪酬组合之间

表 4-2　基准销售岗位示例

职　位	销售代表	客户经理	业务开发经理	客户成功经理	销售经理
类型	猎人	农夫	猎人	农夫	管理者
职责	区域销售	重复销售、追加销售和交叉销售	潜在客户开发	客户满意度、客户支持	销售人员管理、销售策略实施
激励薪酬	高激励杠杆 高薪酬组合 激进激励杠杆	高激励杠杆 中等薪酬组合 激进激励杠杆	高激励杠杆 中等薪酬组合 激进激励杠杆	低激励杠杆 低薪酬组合 激进激励杠杆	低激励杠杆 低薪酬组合 温和激励杠杆

很多时候，由于所在的市场环境、销售的产品或服务及面对的客户不同，企业需要为相同的销售岗位设置一个职位分级系统，将岗位按照所需销售人员的年资、经验和技能分为不同层级，设计不同的销售薪酬激励计划。

表 4-3 是某工业设备企业销售岗位层级示例。该企业的客户既包括中小型民营企业，也包括大型国企和跨国企业。企业的销售部门有一个 7 人的业务发展团队：2 名初级业务发展专员在企业总部工作，主要通过电话联系潜在客户，发现新的销售线索；4 名业务开发经理分别在华东、华南、华北和华中四个销售大区工作，在负责区域寻找新的潜在客户；1 名高级业务开发经理，负责大型国企和跨国企业的在国内和全球的大型项目。虽然本质上都是猎人型的销售岗位，但这三个业务发展岗位的薪酬激励计划有显著差别。

表 4-3　某工业设备企业销售岗位层级示例

	初　级	中　级	高　级
职　位	业务开发专员	业务开发经理	高级业务开发经理
职　责	寻找新的销售线索	负责区域新客户开发	负责大客户和大项目开发
任职要求	1 年以上行业经验	5 年以上行业经验、一线销售经验	10 年以上行业经验、大项目管理背景
绩效指标	有效销售线索数量	新客户销售额	大客户和大项目销售额
薪酬组合	65/35	70/30	80/20

三、岗位职责的定期更新

定义销售岗位职责并不是一劳永逸的事情。随着商业环境的快速变化，新的销售职位不断产生，已有的销售职位也会发生深刻变化。很多行业，内部销售人员就是一个很好的例子。传统上，内部销售人员的主要工作是通过接听电话，回答客户对产品和服务的咨询，向客户推荐产品和服务。很多企业的内部销售人员，同时承担客户服务的角色。内部销售人员的薪酬激励计划通常是较低的薪酬组合。他们或是承担较少的销售业绩指标；或是不承担销售业绩指标，而使用活动指标来衡量绩效。

然而，许多新兴企业，如电商企业，正在利用自身的技术优势，通过网络和数字科技的支持，将内部销售转变为一种高成本效益的方式，为企业提升收入增长速度。这些企业通过强大的数字媒体营销吸引潜在客户，潜在客户通过互联网或移动终端咨询和购买产品。内部销售人员答复客户咨询，说服客户购买，在企业的销售业务中扮演关键角色。内部销售人员的销售薪酬激励计划也随着岗位职责的变化而改变。新冠疫情加速企业对内部销售的重视和投入。尽管一线销售岗位依然是销售领域的主导，但越来越多的企业开始重新定义内部销售。

某消费电子产品制造商，其企业的销售团队只设置了内部销售岗位。市场营销团队通过互联网和社交媒体开展宣传活动，吸引潜在客户，创造需求。潜在客户通过网站、电子邮件和社交媒体向内部销售团队提出咨询和购买产品。内部销售团队通过大数据追踪定位，主动寻找潜在客户，说服他们购买。该企业的内部销售团队扮演着猎人和农夫的混合角色，对企业销售业绩起着举足轻重的作用。

　　我们建议企业每两年重新评估所有销售岗位的岗位职责，更新岗位职责描述。除定期更新外，当发生重大组织或战略变化，如兼并收购或进入全新市场时，企业也需要重新评估和更新销售岗位职责。这里需要提醒的是，尽管许多企业会花时间定义销售岗位，但他们往往忽略了向销售人员提供详细的岗位职责描述文件。全面完整的岗位职责描述可以向销售人员清楚地传达他们的工作目标，帮助他们理解和执行各自的销售薪酬激励计划。

四、非直接销售人员的薪酬激励

　　在简单的小型销售组织里，我们建议只有直接影响销售结果的岗位有资格获得销售薪酬激励。然而，在复杂的大型销售组织里，除了直接参与销售的销售人员，还有许多岗位虽然不参加销售，但对客户购买决策起着不可或缺的作用。这些岗位通常称作销售支持岗位，如营销专员、产品专员、售前支持工程师、售后技术工程师、定价专员等。在很多企业，销售支持人员属于销售团队的一部分，参加销售薪酬激励计划。例如，在许多提供解决方案的企业，提供技术支持的产品专员和销售工程师对客户购买决策的影响常常是一锤定音，他们被归为介于猎人和农夫之间的销售顾问或专家型销售岗位。管理者和销售薪酬设计人员，不应该忽视销售薪酬激励计划对这些销售支持岗位的激励作用。下面介绍两个销售支持岗位使用销售薪酬激励计划的典型案例。

　　某销售复杂产品的高科技企业。由于产品的复杂性，企业为销售团队设置了技术顾问一职。技术顾问与销售经理一起制定销售策略，与销售人员一起拜访客户，为客户做产品演示和技术研讨会。虽然技术顾问没有销售配额，但他们在创造销售机会、影响客户购买决策方面发挥着关键作用。企业将这些技术顾问纳入销售薪酬激励计划，销售额一年内增加了21%。

某工业安全设备制造商，销售集成设备和配件。配件对企业的持续销售收入和利润意义重大。然而，多年来配件销售一直不佳。由于价值的巨大差异，销售人员往往专注集成设备的销售，缺乏销售配件的动力。而客户通常不会主动购买配件。管理层发现售后服务工程师完成设备安装和调试后，客户总会购买一定数量的配件。进一步观察发现，售后服务工程师作为技术专家，在设备安装和调试时向客户传授设备使用和维护知识。这一过程往往激发客户对配件的购买需求，这是不具备专业技术知识的销售人员无法实现的。于是，管理层将售后服务团队纳入销售部门，将售后服务工程师的工作职责主要是从设备安装、调试和维护扩展到配件销售。售后服务工程师参与销售薪酬激励计划，配件销售收入作为主要绩效指标之一，权重达到60%，之后一年内配件销售增加了300%。

与销售岗位一样，不同行业和企业的销售支持岗位名称和职责大相径庭，企业需要清晰和一致的判断标准，来决定这些岗位是否适合参与销售薪酬激励计划，以及如何为其设计销售薪酬激励计划。标准的制定取决于每家企业文化、薪酬理念和具体情况。常见的标准包括这些岗位是否影响销售过程和客户决策？是否需要与客户接触和互动？绩效评估是否基于销售结果？销售激励是否更有利于吸引并保留销售支持人才？同时，需要考虑直接竞争对手在激励销售支持人才方面有哪些做法。表4-4列出了确定适用销售薪酬激励资格的一些常见标准示例。表4-5为某企业适用销售薪酬激励计划的销售支持岗位示例。销售薪酬设计人员需要与管理层一起，为自己的企业量身定制适合的标准。

表4-4　销售支持岗位评判标准示例

标　准	说　明
客户影响力	该岗位对客户购买决策有多大影响？对客户购买决策有高度影响的销售支持岗位更符合销售薪酬激励条件。例如，售前技术专家的产品技术演示对客户购买决策常常起决定作用
销售影响力	该岗位对销售过程有多大影响？销售支持岗位对销售的影响越明显，越有可能获得销售薪酬激励。例如，定价经理的决策可能会影响整个销售项目的策略
客户互动性	该岗位与客户互动有多频繁？需要直接与客户频繁接触的销售支持岗位，更符合销售薪酬激励条件
目标一致性	该岗位的目标级别是什么？根据销售团队目标制定岗位目标的销售支持岗位更符合销售薪酬激励条件，而主要支持企业级目标的岗位不太适用销售薪酬激励
销售交易量	该岗位涉及销量或销售额有多大？涉及许多客户交易的销售支持岗位更符合销售薪酬激励条件

表4-5　销售支持基准岗位示例

职　位	解决方案顾问	产品专员
类型	专家	顾问
职责	作为行业技术专家，为客户提供咨询，定制技术解决方案	为客户做产品演示和培训，协助销售代表说服客户购买
绩效指标	销售团队业绩 方案数量	销售团队业绩 演示数量
薪酬组合	70/30	70/30

很多时候，其他职能部门会为销售提供重要的功能性支持，如市场营销、客户服务、物流和法律部门。销售周期长，提案和合同复杂，功能性支持变得非常重要，这些会明确地体现在销售合同里。有的企业会将功能性支持人员也纳入销售薪酬激励计划，但我们不建议这么做。大多数情况下，这些职能部门支持的是整个企业，而不仅仅是销售团队。因此，他们应该适用更广泛的企业激励计划，如年度绩效奖金计划。销售薪酬激励计划要求参与者对销售结果产生重大影响。当这些岗位的努力并未直接推

动销售结果时，将其纳入销售薪酬激励计划，从原则和成本角度均是不明智的。

本 章 小 结

管理层需要明确企业每个销售岗位的职责，了解它们如何为企业增加价值。理想情况下，每个能够影响销售目标实现的岗位都应该被纳入销售薪酬激励计划。从销售经理到销售人员再到销售支持和服务团队，每个销售岗位都需要自己的销售薪酬激励计划。确定具体岗位职责是销售薪酬设计至关重要的一步。销售薪酬设计人员需要回答以下问题：

- 我们是基于销售岗位，还是基于销售人员制订销售薪酬激励计划？

- 我们是根据销售岗位的职责，还是销售岗位的名称制订销售薪酬激励计划？

- 我们是否为所有直接影响销售结果实现的岗位设定了销售薪酬激励计划？

附件 常见销售岗位

对于企业而言，业务范围越多样化，业务规模越大，销售过程越复杂，需要的不同销售岗位就越多。不同企业会根据自身需要，为销售岗位设定特定名称。例如，有的企业将销售人员统称为业务开发代表，有的企业将销售人员称为客户关注专家。为使销售薪酬激励设计能保持一致的基准，我们列出了10个常见销售岗位，以及它们的定义和主要职责。这并不是一份完整的销售岗位列表和岗位职责描述。岗位名称也会因企业和行业不同而变化。

（1）一线销售代表（Field Sales Representative）

一线销售人员发现潜在客户，了解客户需求，与客户达成交易，在所负责的销售区域内实现业绩和利润最大化。一线销售人员需要积极主动地拜访潜在客户，与他们建立信任关系，将他们转变为长期客户，带来未来可持续的重复业务。

一线销售代表的主要职责包括：制订详细的销售计划和活动；寻找新的潜在客户；管理整个销售周期，直至完成交易；管理销售预算，与客户一起解决潜在问题。

（2）客户经理（Account Manager）

客户经理是企业与其现有客户之间的直接纽带，管理客户组合，确保业务取得长期成功。他们专注发展积极客户关系和处理客户需求。客户经理管理日常事务和确保客户满意度，通过重复销售、追加销售和交叉销售来增加收入。他们的工作还包括利用现有客户网络创造新的销售。

客户经理的主要职责包括：与客户建立并保持持久的关系；提高客户的满意度和体验；管理客户预算；确保重复销售；有效地提高追加销售和交叉销售。

虽然一线销售人员和客户经理听起来像是同一个职位，但实际上他们完全不同。简单地说，一线销售人员专注获得新客户和新销售收入；客户经理专注耕耘现有客户，通过重复销售和扩大销售来增加销售收入。这两个岗位都属于销售职能，负责创收。在很多企业，这两个岗位是重合的。

（3）业务发展代表（Business Development Representative）

业务发展代表，也称销售开发代表，负责研究、寻找和确认潜在客户，给企业带来新客户和新商机。业务发展代表通常不直接完成交易，确定潜在客户合格时，他们会将销售机会转交给一线销售代表或客户经理。

业务发展代表的主要职责包括：调查研究潜在客户，发现客户的兴趣和需求；培养客户了解企业产品或服务的兴趣；推荐合格的潜在客户，给企业带来新的业务。

（4）内部销售代表（Inside Sales Representative）

内部销售代表通过接听电话、回复邮件等方式回答客户询问、解决客户投诉、帮助现有客户及推荐产品或服务。内部销售代表不直接销售产品和服务。有些企业，内部销售代表与客户服务代表的职责是重叠的。

内部销售代表的主要职责包括：通过电话、邮件、社交媒体等回复客户咨询；协助现有客户提出和处理投诉；推荐产品或服务；为一线销售代表或客户经理安排与潜在客户见面。

（5）外部销售代表（Outside Sales Representative）

外部销售代表通过电话、邮件或社交媒体主动联系潜在客户推销产品或服务，建立和维护客户群，处理客户咨询和问题。电话销售人员是日常生活最常见的外部销售人员。外部销售代表与一线销售代表的最大区别在于，前者在办公室通过电话或社交媒体完成工作，后者大部分时间需要与客户面对面互动。

外部销售代表的主要职责包括：与潜在的客户联系销售产品或服务；

维护现有的客户关系；跟进销售线索，进一步推进销售流程；回答客户的询问和投诉。

（6）大客户经理（Key Account Manager）

大客户经理负责与对企业业绩有举足轻重作用的高价值的客户建立长期关系，通过确保这些客户对提供的服务感到满意来增加企业的收入。

大客户经理的主要职责包括：与高价值客户建立并维护关键关系；深入了解关键客户的需求和要求，定制解决方案；在既定期限内完成每个关键客户的业务目标；对关键客户提供支持，处理和解决问题或投诉。

（7）客户成功经理（Customer Success Manager）

客户成功经理通过全程指导、咨询和服务提供最佳客户体验，支持客户从潜在销售客户过渡到活跃客户，与客户建立密切的长期客户关系，提升客户忠诚度和保留率。在一些企业，客户成功经理和客户服务经理的职位是重合的。事实上，客户服务经理提供传统意义的服务和支持，为销售团队提供支持。客户成功经理注重客户保留和客户生命周期价值，因而被视作销售团队的一部分。

客户成功经理的主要职责包括：与客户互动，指导客户更好地使用产品和服务；与相同的客户保持联系，提供个性化支持和帮助；解决客户对产品和服务的任何需求或问题；实施客户支持和服务政策、程序，提高客户的体验和满意度。

（8）渠道销售代表（Channel Sales Representative）

渠道销售代表通过分销商、代理商等第三方合作伙伴向最终用户销售产品。一些企业没有内部或专门的销售人员为最终客户提供产品或服务，而是通过第三方渠道合作伙伴销售。一些企业可能会实施渠道销售战略，通过销售团队的直接销售和第三方的间接销售来实现业务增长。合作伙伴销售产品或服务可以提供广泛的覆盖范围，为业务增长提供巨大的杠杆作用。

渠道销售代表的主要职责包括：管理渠道合作伙伴完成销售目标；获取客户的想法，帮助渠道合作伙伴有效销售；帮助代理商培养销售人员和教育最终用户。

（9）销售工程师（Sales Engineer）

销售工程师，有时候也称为销售技术工程师或产品专家，多见于销售高度复杂的技术产品或解决方案的企业。销售工程师通常是专门从事销售的专业技术人员，在销售过程中提供技术和工程支持，回答客户的技术问题并进行产品演示，制订销售方案和合同的技术部分。

销售工程师的主要职责包括：确定客户的技术需求，提供技术和工程支持；回答客户深入的产品问题，帮助其从技术方面做出购买决策；负责销售方案和合同的技术部分。

（10）销售团队负责人（Sales Leader）

销售团队负责人包括销售经理、区域销售经理、销售总监、销售副总裁等。销售团队负责人主要负责制定销售团队的销售战略，管理销售流程，带领销售团队取得成功。在许多企业，销售团队负责人会参与实际销售。

销售团队负责人的主要职责包括：制定销售策略；确定销售团队的目标；预测和制定销售配额；激励销售团队实现目标；负责销售团队的日常管理。

第五章
销售人员应该挣多少：目标薪酬

明确计划的目标、指导原则和销售人员的职责定位后，销售薪酬激励计划就有了清晰的战略定位。销售薪酬设计人员可以进入计划内容的具体设计阶段了。确定每个销售岗位的目标薪酬是具体设计的起点。目标薪酬又称目标现金薪酬或 TCC（Target Cash Compensation），指销售人员 100% 完成设定的销售业绩后可以获得的总收入。目标薪酬包括基本薪酬和激励薪酬两部分（图 5-1）。激励薪酬也叫风险薪资，即我们平时说的目标奖金或佣金。目标薪酬在国内外不同行业的叫法各不相同，如有的行业叫作目标收入或 OTE（On-target Earning），有的行业叫作目标总薪酬或 TTC（Total Target Compensation）。

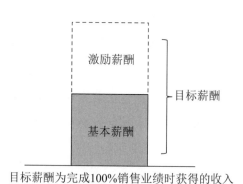

目标薪酬为完成100%销售业绩时获得的收入

图 5-1　目标薪酬

目标薪酬告诉销售人员，完成业绩后他们的收入是多少。对销售人员来说，目标薪酬常常是他们最关注的，尤其是在他们考虑加入新的销售组织时。因此，目标薪酬在塑造销售薪酬激励计划的"第一印象"方面发挥关键作用。对企业而言，销售薪酬通常是企业最大的运营支出之一，目标薪酬最直接的一个作用是帮助企业确定每年的销售预算。

设定目标薪酬可能是销售薪酬激励设计过程中最具情感挑战性的任务。它不是一门精确的科学，而是需要大量思考和判断。参考内部和外部基准，并与企业整体薪酬理念保持一致。目标薪酬的设定分为两步：设定整体付薪水平和确定每个销售岗位的目标薪酬。

一、设定整体付薪水平

付薪水平，指企业薪酬在市场上的竞争力。广为接受的有竞争力的付薪水平是市场薪酬水平的50百分位，也就是市场平均水平。设定合理的付薪水平，对于制订有效销售薪酬激励计划至关重要。低于市场50百分位意味着企业薪酬低于市场平均水平，可能带来人才吸引和保留方面的问题。高于市场50百分位意味着企业薪资高于市场平均水平，可以吸引更优秀的人才，但薪酬成本也会居高不下。

除了对标市场竞争力，付薪水平也提供了一个内部基准，可以比较不同岗位的销售人员（如客户经理与渠道经理），或同一岗位的不同销售人员（如同一区域的销售代表）的薪酬是否合理。

付薪水平的设置通常会参照市场数据，反映行业惯例。企业也可以参照表5-1列出的影响付薪水平设定的主要因素，做出合适的决定。

表5-1　付薪水平的影响因素

付 薪 水 平	低于市场水平	市场平均水平	高于市场平均	领先市场水平
企业产品定位	强	较强	中等	弱
销售目标达成	容易	可能	困难	极难

续表

付薪水平	低于市场水平	市场平均水平	高于市场平均	领先市场水平
销售人员 期望绩效	低	平均	需较大努力完成	很高
销售人员配置	富余	充足	紧张	精益
销售工作效率	低	平均	高于平均	很高
市场人才供给	丰富	充足	有限	稀缺
销售人员流失率	低	中等	高	高

- 企业的产品市场定位：企业在初创阶段，品牌和产品缺少知名度、市场覆盖率低，产品市场定位弱，这时销售人员对销售结果起着举足轻重的作用，企业可能选择领先市场的付薪水平。而在品牌具有较高知名度和产品具有较高市场占有率时，产品市场定位较强，客户会因为品牌和企业而购买。这时，销售人员的作用相对降低，企业可能会选择较低的付薪水平。

- 销售目标的达成：如果销售过程复杂，销售周期较长，影响交易的因素较多，销售达成难度较高，企业可能会选择较高的付薪水平。反之，企业则可能选择较低的付薪水平。

- 销售人员的期望绩效：销售人员的个人技能和努力对销售结果的直接影响越大，企业越有可能选择较高的付薪水平。如果达成销售结果更多取决于销售人员之外的因素，如企业品牌、产品本身、社交媒体营销等，企业可能会选择较低的付薪水平。

- 销售人员的配置：企业拥有一支较大的销售队伍，可以根据需要调配销售人员时，企业可能会选择较低的付薪水平。当销售团队人手有限，每个销售人员都需要"以一当十"时，企业可能选择较高的付薪水平。

- 市场人才供给：企业所在市场中销售人才的供需情况影响销售人

才的吸引和保留。需要的销售人才供不应求时，企业可能选择较高的付薪水平；如果需要的销售人才比较容易找到或培养，企业可能选择较低的付薪水平。

- 销售人员的流失率：员工流失率往往由多种不同的内外部原因造成。很多时候，外部原因是企业无法控制的。如一线城市和风口行业的员工流动率通常较高。当企业面对销售人员的高流失率时，可能选择较高的付薪水平。反之，销售团队非常稳定时，企业可能考虑较低的付薪水平。

此外，全面薪酬、销售成本与劳动力成本也会影响付薪水平和目标薪酬。通常来说，注重全面薪酬的企业，会提供完善的非现金激励（如个人学习与发展、职业发展与晋升、工作环境与员工幸福感等），员工对现金激励的关注度较低，付薪水平也可以相应降低。采用销售成本模式的企业，特别是初创企业，相较采用劳动力成本模式的企业，会更多采用较低的付薪水平。

图 5-2 显示了四家企业销售薪酬激励计划的付薪水平。

- A 企业为国际领先的生物制药企业。行业和产品的特殊性决定了销售团队多为获得生物工程相关专业博士或硕士学位，且在生物制药领域有多年工作经验的业内精英。为了吸引和保留这个专家级销售团队，企业采取领先市场的付薪水平。

- B 企业为工业产品制造和销售企业。产品所在市场被包括 B 企业在内的几家头部企业分割，基本饱和。B 企业发展和销售平稳。付薪水平定位于市场平均水平。

- C 企业为 SaaS 软件企业。企业对不同的销售岗位做了细分。对于大客户销售等，对整体销售业绩产生重大影响的关键销售岗位，企业采取领先市场水平的付薪策略。而对电话销售和客服专员等内部销售岗位则采用低于市场水平的付薪策略。

● D 企业为初创企业，产品刚进入市场。虽然市场前景看好，但企业尚处于高投入、无盈利阶段，资金非常困难。D 企业采取低于市场的付薪水平，同时承诺销售人员未来的股权收益。

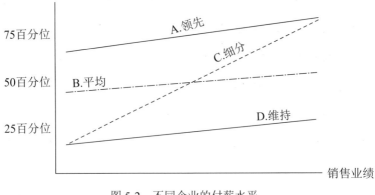

图 5-2　不同企业的付薪水平

二、确定每个销售岗位的目标薪酬

设定整体付薪水平后，企业需要收集与之匹配的市场薪酬数据，进行市场竞争性分析，以确定每个销售岗位的目标薪酬。例如，企业选择市场薪酬水平的 50 百分位作为销售薪酬的付薪水平，需要收集所有销售岗位的市场 50 百分位薪酬数据进行分析比较，最终确定本企业销售岗位的目标薪酬。

市场薪酬数据有三个主要来源（表 5-2）。

表 5-2　不同薪酬数据来源比较

数据来源	优　点	缺　点
薪酬调研报告	数据系统完整，可定制	价格昂贵，须结合人力资源机构的方法论使用

续表

数据来源	优 点	缺 点
公开薪酬数据	免费,易得	数据不完整,针对性弱
自行收集—策略性面试	适用于市场数据缺乏或准确性低,针对性强	耗时耗力,面试官需要一定的技能

(1)薪酬调研报告:许多专业人力资源机构定期举行市场薪酬调研,并发布薪酬调研报告供企业购买。除了市场整体薪酬报告,一些人力资源机构也会发布不同行业和不同职位的专项薪酬报告。专业薪酬调研报告通常包括详细的固定薪酬、可变薪酬和福利数据,数据类别可达数十项。每个岗位通常按25百分位、50百分位、75百分位和90百分位提供数据。专业薪酬调研报告同时提供每个岗位的简要岗位职责说明和岗位在职人员的基本人口数据,如年龄、教育背景、从业时间、从事该职位的时间等,以便企业准确对标。

(2)公开薪酬数据:不少专业猎头公司定期发布薪酬报告。薪酬数据通常来自招聘企业提供的招聘岗位薪酬数据和面试者提供的个人薪酬数据。此外,一些政府部门也定期公布所在城市或区域的薪酬数据。这类公开信息往往只包括岗位名称和总收入。

(3)自行收集:企业也可以自行收集行业和市场薪酬数据。"策略性面试"是收集薪酬数据的一个有效途径。企业发布某一岗位信息,面试官通过大量面试,在面试过程中收集应聘者目前的详细薪酬信息和期望薪酬,从而确定该岗位的薪酬数据。

这里需要强调的是:

(1)岗位职责是匹配内部岗位与外部数据的指示器。不同企业的岗位名称差别很大。匹配销售岗位的市场数据时,最关键的是确认岗位的具体职责,而不仅仅是企业给该岗位的名称。

（2）单一薪酬数据来源受数据采集方式、样本数和样本质量的影响，往往无法提供全面准确的薪酬信息。因此，我们建议对于关键销售岗位需要使用至少两种数据源。

（3）薪酬数据应包括行业竞争对手的数据。如果没有竞争对手的数据，则需要与本企业的经营规模、组织架构、员工数量类似的企业的相关数据。

有了对应的市场数据后，就可以确定每个销售岗位的目标薪酬。通常来说，不同行业的管理和企业销售岗位的性质、职责直接影响该岗位的薪酬水平。例如，在一些企业里，专注客户管理的高级销售岗位的薪酬，通常高于仅专注新客户销售，或同时兼顾新客户销售和客户管理的岗位。这反映了行业和企业对管理长期客户关系所需专业知识和技能的要求。而在一些企业，与专注客户管理，或同时兼顾销售与客户管理的岗位相比，专注新客户销售的岗位薪酬最高。这主要是因为企业的主要盈利来自新客户购买，需要通过对新客户销售的薪酬激励，获得新的客户和市场份额。表 5-3 为某企业销售岗位目标薪酬示例。

表 5-3　某企业销售岗位目标薪酬示例

职　位	基 本 薪 酬	激 励 薪 酬	目 标 薪 酬
电话销售专员	50 000	10 000	60 000
业务开发专员	40 000	40 000	80 000
高级业务开发专员	60 000	40 000	100 000
客户专员	70 000	70 000	140 000
高级客户专员	100 000	100 000	200 000
销售经理	150 000	80 000	230 000
高级销售经理	180 000	100 000	280 000

本 章 小 结

设定目标薪酬是销售薪酬激励计划设计的第一步，也可能是设计过程中最具情感挑战性的任务。销售人员的收入应该为多少才合适呢？每个销售组织都必须认真思考这个问题。确定每个销售岗位的目标薪酬的影响因素，包括销售岗位职责、市场趋势、销售管理者的经验和企业的全面薪酬策略。设定目标薪酬时，销售薪酬设计人员需要回答以下问题：

- 我们的目标薪酬是否兼顾了市场竞争力和内部公平性？
- 我们的目标薪酬是否支持未来1～3年的业务战略？
- 我们的目标薪酬是否与销售人员职责定位相匹配？
- 我们的目标薪酬是否可以吸引和保留销售人员？

第六章
底薪和激励怎么分配：薪酬组合

目标薪酬设定之后，就需要确定薪酬组合。薪酬组合又称固浮比，是销售人员薪酬中基本薪酬与目标激励薪酬之间的比率。它以目标薪酬的百分比表示，第一个数字代表基本薪酬，第二个数字代表激励薪酬。例如，60/40 薪酬组合代表这个销售岗位的目标薪酬中 60% 为基本薪酬，40% 为激励薪酬。

薪酬组合帮助建立销售人员的业绩与收入之间合理的平衡。如图 6-1 所示，薪酬组合中基本薪酬越高，激励薪酬越低，意味着对销售人员的激励程度越低，但他们的收入风险也越低。与之相反，激励薪酬越高，基本薪酬越低，意味着对销售人员的激励程度越高，但他们的收入风险也越高。

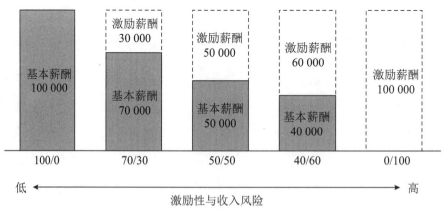

图 6-1　薪酬组合示例

一、薪酬组合的意义

对于大多数非销售人员来说，基本薪酬是确保个人市场价值的最重要的激励因素。而对于销售人员来说，仅仅强调基本薪酬是不够的。大多数销售薪酬激励计划主要与个人销售业绩挂钩，这意味着销售人员可以直接推动他们的收入。随着销售人员在销售过程中发挥更大的影响力，激励薪酬的比例通常会上升，从而促使他们更积极地实现销售成果。因此，与非销售员工相比，销售人员更关注激励薪酬，而不是基本薪酬。此外，常规年度调薪对销售人员的影响也较低。销售人员倾向于更多的激励薪酬，以获得更快速、更可观的收入，而不是通过常规调薪实现的收入逐步增长。总之，薪酬组合会极大地影响销售薪酬激励计划的激励程度。激励薪酬越高，就越有可能驱动销售人员实现企业期望的销售行为，达成销售业绩。

图 6-2 显示了薪酬组合对两个目标薪酬均为 100 000 元的销售薪酬激励计划的影响。与 70/30 薪酬组合相比，50/50 薪酬组合需要更高的杠杆或激励薪酬支付率以实现相同的目标薪酬。所有因素不变的情况下，50/50 薪酬组合的销售人员超额完成业绩后将获得更高的收入。

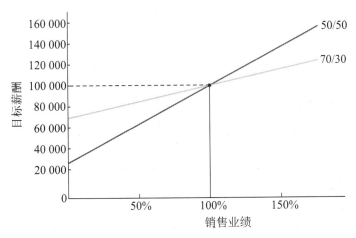

图 6-2　薪酬组合对销售人员收入的影响

二、设定薪酬组合

图 6-1 中，100/0 薪酬组合代表销售人员收入全部为固定薪酬。这种薪酬激励方式在实际生活中较为少见。0/100 薪酬组合意味着销售人员没有底薪，收入完全来自销售奖金或佣金。这类无底薪销售薪酬激励计划常见于中介行业、保险代理和兼职销售，在 B2B 行业较为少见。

大部分销售薪酬激励计划需要在 100/0 和 0/100 薪酬组合之间做出选择。目标薪酬确定通常对标市场薪酬水平或遵循行业惯例。而薪酬组合被视为企业内部战略决策，市场薪酬组合数据一般只被用作参考。在当今复杂多变的商业环境下，没有统一的标准和快速的方法来确定每个销售岗位薪酬组合的正确比例。销售人员对销售结果的影响程度是薪酬组合最重要的驱动因素。销售人员对交易达成的直接影响越大，薪酬组合中激励薪酬的比例越高。例如，房地产经纪人的薪酬结构倾向于更高的激励，因为销售额很大程度上取决于销售人员的个人能力。销售支持岗位，如销售过程中提供技术专长的产品工程师通常在薪酬组合中拥有更高的基本薪酬，因为他们影响实际销售结果的能力较低。表 6-1 列出了不同销售影响力的销售角色的常用薪酬组合。

表 6-1　不同销售影响力的销售角色的常用薪酬组合

销售角色类型	基本薪酬 /%	激励薪酬 /%
猎人——直接销售代表	0～50	50～100
农夫——客户经理	40～60	40～60
专家——产品经理 / 销售项目经理	60～80	20～40
支持者——销售支持专员	80～90	10～20
管理者——销售总监	80～90	10～20

除销售人员对交易达成的影响力外，还有许多因素驱动薪酬组合的设定：

销售岗位职责：薪酬组合因销售岗位而异，包括销售流程特征、销售类型和客户类型。例如，专注新客户获取的业务经理职位，通常会比专注大客户关系的大客户经理职位拥有更多的激励薪酬。业务经理可能是50%的基本薪酬和50%的激励薪酬，而大客户经理可能是70%的基本薪酬和30%的激励薪酬。基于团队销售的销售岗位通常具有较高的基本薪酬。例如，在某知名体育用品企业，负责迪卡侬等大型战略客户的销售人员的激励薪酬为15%。在与迪卡侬这类大型战略客户的业务中，企业的许多部门都参与销售过程。而在三四线城市的小型体育用品商店的业务中，只有一名一线销售代表负责整个销售过程。这些一线销售代表的激励薪酬比例达到30%～50%。

业务战略：薪酬组合的设计应符合企业的业务战略。例如，企业注重新产品销售，通常会采用高激励、低底薪的薪酬组合。企业销售重点专注成熟阶段的产品，通常会采用高底薪、低激励的薪酬组合。激进的高激励、低底薪的薪酬组合（如50/50）可能更适合寻求销售业绩快速增长的企业。而高底薪、低激励的薪酬组合可能更适合专注保留现有客户的企业。

企业文化：薪酬组合的设定也和企业文化及管理层理念相关。推崇狼性文化，强调个人业绩的企业，通常会偏好高激励、低底薪的薪酬组合。而注重员工幸福感，强调工作与生活平衡的企业，更倾向于高底薪、低激励的薪酬组合。

行业实践：对于每个销售岗位，直接竞争对手的薪酬组合是什么？我们是否从竞争对手那里招聘了销售人才？竞争对手在招聘过程中是否向候选人暗示他们的薪酬组合？

　　表6-2列出了常见的薪酬组合的影响因素。企业可以根据自身的情况，确定影响薪酬组合的因素，以及不同因素的影响程度，综合评估后确定每个岗位的薪酬组合。不同的销售岗位需要不同的薪酬组合。相同销售岗位的销售人员则一般使用同一薪酬组合。在某些情况下，相同销售岗位的销售人员可以使用不同的薪酬组合。例如，企业发生兼并时，两家合并企业相同岗位的销售人员可以使用不同的薪酬组合。相同岗位的销售人员负责差异巨大的不同区域或不同产品时，也可以使用不同的薪酬组合。

表6-2　薪酬组合的影响因素

影 响 因 素	影 响 程 度		
市场份额	高	←——→	低
市场规模	有限	←——→	巨大
客户对产品接受度	高	←——→	低
购买模式	重复/可预测	←——→	因人而异
销售支持	高	←——→	低
需完成的非销售活动	多	←——→	少
团队销售	经常	←——→	没有
承担风险	高	←——→	低
销售周期	长	←——→	短
职位性质	顾问型/解决方案	←——→	开发型/直接销售
销售过程	简单	←——→	复杂
交易量	低	←——→	高
销售渠道	多样	←——→	单一
薪酬组合	高底薪、低激励		低底薪、高激励

　　表6-3为某工业产品销售企业薪酬组合示例。不管是哪种组合，重要的是要确保基本薪酬和激励薪酬是有意义的。激励薪酬的风险程度必须与

完成销售业绩的可能性相平衡；风险越高，销售人员通过实现与企业战略目标相关的销售业绩所能获得的收入就越多。

表 6-3　某工业产品销售企业薪酬组合

职　位	主要职责	薪酬组合
区域一线销售代表	对销售周期、客户培育、交易成达的影响最大	50/50 或 60/40
业务开发代表	寻找潜在客户，引入新客户，确认潜在的销售机会	70/30
产品工程师	定制化产品演示的设计、制造和展示	65/35
客户经理	管理客户、交叉销售和向上销售	65/35
客户响应专员	销售合同管理和实现，销售团队和客户支持	80/20
销售经理	整体销售业绩，销售团队管理	80/20

此外，薪酬组合必须遵循的一个原则是，基本薪酬必须可以满足销售人员体面生活的需要。经济下行时期或遭遇黑天鹅事件时，销售人员常常出于自身不能控制的原因无法完成销售业绩，进而影响激励薪酬的获得。这时，基本薪酬对维持销售人员的正常生活、保持销售团队士气、避免销售人才流失起着不可或缺的作用。

三、薪酬组合的其他作用

薪酬组合在招聘销售员工方面也起着重要作用。基本薪酬和激励薪酬之间的比例在销售人员招聘时向候选人传递所申请职位背后的信息。高激励、低底薪的薪酬组合往往会吸引更积极、更喜欢冒险的销售人才。而对于注重客户关系和客户体验的销售岗位，提供高底薪、低激励的销售薪酬更容易吸引目标候选人。

在留住和激励销售人员，设计规划销售人员职业发展方面，薪酬组合也有着现实意义。大部分企业会制定员工职级和相应的基本薪酬范围，并设定对应的职业发展通道。对非销售员工，职业发展意味着基本薪酬和总收入的增加。对销售人员而言，除了增加基本薪酬，也可以通过调整薪酬组合来反映职位的变动。图 6-3 为某企业将薪酬组合与销售人员职业发展通道结合的示例。

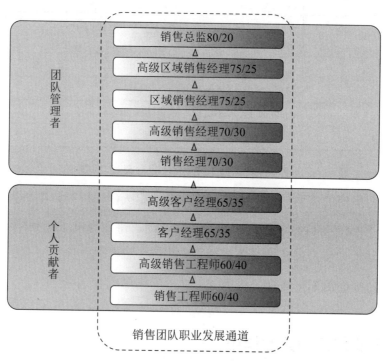

图 6-3　销售人员职业发展通道与薪酬组合示例

本 章 小 结

　　薪酬组合是销售薪酬激励计划设计中较为复杂的领域之一。薪酬组合因销售人员的工作内容而异，在销售人员的风险和回报之间建立适当的平衡。通常情况下，销售人员对销售的影响越大，激励薪酬越高，基本薪酬越低。选择薪酬组合时，销售薪酬设计人员需要回答以下问题：

- 我们是否为不同的销售岗位设定不同的薪酬组合？
- 我们应该在基本薪酬和激励薪酬部分各投入多少？
- 我们的激励薪酬比例是否过高，因而可能导致不恰当或高风险的销售行为？
- 我们的基本薪酬比例是否过高，因而可能导致"懒惰"文化？

第七章
怎么奖励优秀销售人员：激励杠杆

设定目标薪酬和薪酬组合后，下一步就需要确定激励杠杆。激励杠杆又称上浮潜力，是指企业最优秀的销售人员在实现高于100%业绩目标的超额业绩时能够获得的激励收入。这里定义的最优秀销售人员，指销售业绩位于团队90百分位的成员，也就是销售业绩排名前10%的销售人员。

激励杠杆为目标激励薪酬的倍数。如图7-1所示，2倍激励杠杆为优秀绩效提供了2倍于目标激励薪酬的总激励薪酬。3倍激励杠杆意味着销售人员有机会获得3倍于其目标激励薪酬的总激励薪酬。

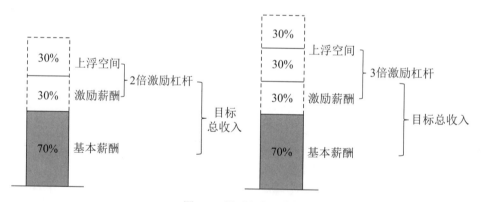

图 7-1　激励杠杆示例

注：在销售薪酬激励计划设计中，2倍激励杠杆表示为2x，或上浮空间与目标薪酬的比例为1：1；3倍激励杠杆表示为3x，或上浮空间与目标薪酬的比例为2：1

目标薪酬中，销售人员需要完成100%的销售业绩目标，以获得全部目标激励薪酬。定义激励杠杆时，企业通常会设定超额业绩目标，销售人员达到超额业绩目标后，根据激励杠杆享受全部超额激励薪酬。图 7-2 显示了两个超额业绩目标设定的例子。

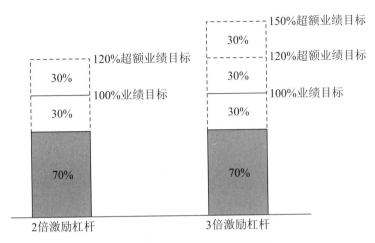

图 7-2　激励杠杆与超额业绩目标

假设某销售代表的目标薪酬为 10 万元，薪酬组合为 70/30，激励杠杆为 2 倍，超额业绩目标为 150%。如果该销售代表没有完成销售指标，可能只获得 7 万元的基本薪酬。完成 100% 销售业绩时，他将获得 10 万元目标薪酬。完成 150% 销售业绩时，他可以获得 16 万元目标总收入，也就是 7 万元基本薪酬、3 万元激励薪酬和 6 万元超额激励薪酬。

一、"万能的中间派"与销售精英

一般而言，销售人员的业绩呈正态分布。20% 的销售人员业绩遥遥领先，20% 的销售人员业绩位于尾部，位于中间 60% 的销售人员被称为"万能的中间派"。20% 后进销售人员的目标是努力完成销售指标，否则将无法获得目标薪酬。对于 20% 的优秀销售人员，虽然可以进一步提升绩效，但百尺竿头更进一步的难度可想而知。向右移动"万能的中间派"

（图 7-3），即改进大部分销售人员的业绩是提升企业整体销售业绩的主要方法，也是销售薪酬激励计划设计的常见关键目标之一。

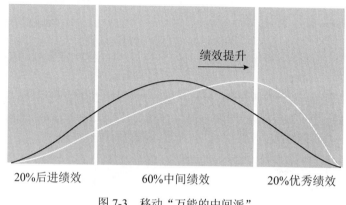

图 7-3　移动"万能的中间派"

在一项广为引用的研究中，来自 11 支销售队伍的 625 名销售代表中，中间 60% 的销售人员业绩提升 5% 带来的销售收入，比前 20% 的销售人员业绩提升 5% 带来的销售收入平均高出 70% 以上。想象一下，如果占 60% 的中间销售人员能在原有销售业绩的基础上多完成 5%～10% 的业绩，这对企业来说有多么重要的意义！

对于所有有能力的销售人员而言，如果没有激励杠杆，超过销售指标就不会得到更多的奖励，他们的销售努力也会戛然而止。激励杠杆昭示进一步发挥自身的销售潜能可以带来的丰厚回报，是激励普通销售人员努力成为优秀销售人员的主要驱动因素之一。

在某些行业和企业，销售人员的业绩呈幂律分布（图 7-4），也就是 20% 的顶尖销售人员完成 80% 的销售业绩。在这样的情况下，激励 20% 的顶尖销售人员是销售薪酬激励计划的首要任务。对于销售人员绩效呈幂律分布的企业，更高的激励杠杆起着不可替代的作用。一个最优秀的销售人员的收入应该是多少？是不是可以超过他的销售经理和销售总监，甚至成为企业中收入最高的人员之一呢？事实上，大多数情况下，销售人员很难成为企业中收入最高的人。在竞争白热化的商业环境中，高收入销售人员可能每年都是不同的人，高收入的实际金额也可能每年都在上下波动。然而，那些对自己的能力充满信心，对销售业绩雄心勃勃的销售人才来说，激励杠杆预示的收入上浮潜力是销售薪酬激励计划最激动人心的部分之一。顶尖销售人员的激励杠杆表明一个企业的价值观，显示企业吸引和留住行业最佳销售人才的能力。

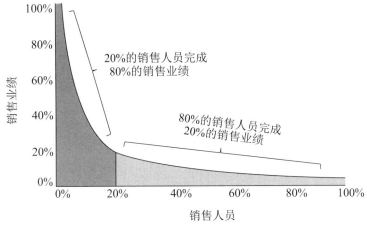

图 7-4　销售人员业绩的幂律分布

二、设定激励杠杆

企业常用的激励杠杆为目标激励薪酬的 1.5 倍至 3 倍。2 倍激励杠杆在 B2B 行业较为常见。激励杠杆的设定适用薪酬组合设定的薪酬逻辑：那些对客户采购决策影响更大的销售岗位应该有更大的上浮空间。客户经理比客户成功代表拥有更直接影响客户的购买决策，因此客户经理通常会有更高的激励杠杆。一般情况下，销售经理需要花时间管理销售团队和销售流程，没有那么专注直接完成业务，因此相对于销售人员，他们的激励杠杆会较低。表 7-1 为企业销售职位激励杠杆设定示例。

表 7-1　企业销售职位激励杠杆设定示例

目 标 薪 酬	激 励 杠 杆
一线销售人员	★★★★
客户经理	★★★★
外部销售人员	★★★★
大客户经理	★★★
渠道客户经理	★★
大项目经理	★★
区域销售经理	★★
技术支持工程师	★★
销售支持专员	★
客户服务专员	★
高级销售经理	★
内部销售人员	★

注：★　数量代表激励杠杆的高低。

在大多数销售人员的心目中，激励杠杆与薪酬组合是密不可分的。原因很简单，目标激励薪酬越高，超额激励的上浮空间就越大。如图 7-5 所示，激励杠杆相同时，高基本薪酬、低激励薪酬的薪酬组合通常意味着较小的超额激励上浮空间；低基本薪酬、高激励薪酬的薪酬组合通常意味着较大的超额激励上浮空间。

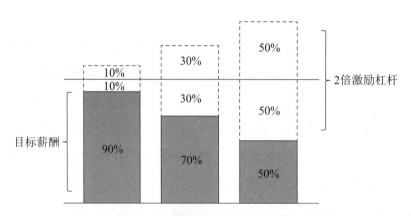

图 7-5　薪酬组合与激励杠杆对销售人员收入的影响

表 7-2 以 10 万元目标薪酬和 3 倍激励杠杆为例，展示不同薪酬组合下销售人员目标总收入的差异。

表 7-2　薪酬组合与激励杠杆对销售人员收入的影响

目标薪酬	薪酬组合	激励杠杆	基本薪酬	目标总激励		目标总收入
				激励薪酬	上浮空间	
100 000	90/10	3x	90 000	10 000	20 000	120 000
100 000	80/20	3x	80 000	20 000	40 000	140 000
100 000	70/30	3x	70 000	30 000	60 000	160 000
100 000	60/40	3x	60 000	40 000	80 000	180 000
100 000	50/50	3x	50 000	50 000	100 000	200 000
100 000	40/60	3x	40 000	60 000	120 000	220 000

作为招募和留住优秀销售人员的工具，激励杠杆影响企业在市场上的人才竞争力。设定激励杠杆的关键指标是优秀销售人员可以看到当他们超额完成业绩后，他们的目标总收入应该处于市场领先水平，即市场薪酬的 75 百分位到 90 百分位。如果无法达到市场领先水平，激励杠杆至少需要确保优秀销售人员与普通销售人员之间有显著的收入差异。

这里还有一个重要问题：激励杠杆的定义意味着薪酬激励是有"上限"的，如完成达 200% 的销售业绩时，激励杠杆为 3 倍。而销售薪酬激励计划是否要设上限一直是销售领域有争议的话题，我们将在后续章节深入讨论。

三、激励杠杆的风险

低基本薪酬、高激励薪酬和高激励杠杆可以有效调动销售人员的积极性，提升销售业绩，但这种模式也会大幅增加销售薪酬成本。因此，设计激励杠杆时需要合理的成本分析，审慎寻找薪酬激励性与财务承受能力之间的平衡点。

此外，有的企业采用"不成功便成仁"的销售激励理念，即设定极低的基本薪酬、非常高的激励薪酬和激励杠杆。这样做的初衷是淘汰低绩效销售人员，最大限度地激励优秀销售人员。然而，可以预见的是，如果获得体面薪水的唯一途径是成为少数几个大幅超额完成销售目标的销售精英，大部分销售人员可能会选择躺平或另谋高就。设定激励杠杆时应防止类似情况，避免对员工的"负面激励"。

激励杠杆的另一个风险是，销售人员可能利用这个系统获得背离实际的收入。例如，有的销售人员可能会将本期可实现的销售推迟到下一个销售周期，以便获得超额激励薪酬。企业需要建立完善和良好的销售管理系统来跟踪和记录销售情况，避免这类风险。

本 章 小 结

激励杠杆为销售人员提供了平衡努力和回报的等式，使他们有机会实现自身更大的价值。优秀的销售人员始终是市场稀缺人才。激励杠杆预示企业愿意为优秀销售人员的出色业绩付出的激励薪酬，是吸引和留住顶级销售人员的重要工具。设计激励杠杆时，销售薪酬设计人员需要回答以下问题：

■ 我们的激励杠杆是否足以激励优秀销售人员实现远高于平均水平的绩效？

■ 我们是否显著区分了优秀销售人员和一般销售人员的激励薪酬？

■ 优秀销售人员的业绩和薪酬是否会成为激励其他销售人员的标杆？

第八章
衡量什么，得到什么：绩效指标

确定目标薪酬、薪酬组合和激励杠杆后，企业需要选择在财务上和战略上最重要的绩效指标，来评判和衡量销售人员的表现和计算销售激励薪酬。对管理层来说，设定绩效指标是销售薪酬激励计划设计过程中最关键的一步。通常情况下，企业高管，财务、市场、销售负责人和人力资源部门会共同完成绩效指标的设定。

如果销售薪酬激励计划包含多个绩效指标，就需要为每个绩效指标分配一个权重，权重的和为 100%（表 8-1）。管理层通过权重传达每项绩效指标的优先级别，也就是管理层希望销售人员在每项绩效指标上应该投入的时间和精力。例如，销售人员有总销售额和新客户销售额这两个绩效指标，管理层希望销售人员首先确保已有客户的保留和销售，然后每周花大约两天时间开发新客户。那么，总销售额和新客户销售额的权重可以分别设置为 60% 和 40%。

表 8-1　绩效指标与权重示例

绩 效 指 标	区域销售额	区域新客户销售额	毛利	合计
权　　重	50%	25%	25%	100%

一、绩效指标的类型

一般来说，销售人员的绩效指标可以分为四种类型：销售财务指标、销售战略指标、销售活动指标和主观指标。

1. 销售财务指标

销售财务指标包括销售额、利润、销量等。这些指标通常已经存在于企业现有的财务管理体系中。销售工作的重点是实现销售额增长或盈利增长，而销售财务指标直接影响企业的经营和财务状况。因此，销售财务指标是多数销售薪酬激励计划的首要指标，以确保销售人员的重点是帮助企业实现每年的财务目标。一线销售人员的销售薪酬激励计划中至少应该有一个销售财务指标，并且这个指标应被赋予最大的权重。

2. 销售战略指标

销售战略指标是仅次于销售财务指标的核心指标。销售战略指标关注企业的战略优先事项，如特定客户或产品、市场渗透率、客户保留、客户体验、服务质量等。销售战略指标，包括新产品销售、交叉销售、产品组合、客户组合、客户流失率、客户满意度等。销售薪酬激励计划往往会有一个有助于推动总体销售或业务战略的销售战略指标。与销售财务指标一样，销售战略指标也会被赋予较高的权重。

3. 销售活动指标

销售活动指标关注销售人员的销售活动、事件或里程碑。销售活动指标，包括关键销售步骤、合格潜在客户数量、产品演示数量、客户拜访数量、销售电话数量等。企业在发布新产品、拓展新业务、进入新市场，或想要实现重大战略里程碑时，可以使用销售活动指标。例如，某电子设备企业在推出具有战略意义的新产品时，将每个销售人员的第一份超过5万元的新产品订单作为销售活动指标。

此外，在销售周期较长，或者难以衡量典型销售财务或战略指标的情况下，也可以使用销售活动指标。例如，某大型中央空调制造企业的产品销售通常与大型基建项目相关，销售周期可以长达数年。企业将获得投标资格作为关键里程碑，设定为销售人员的一项绩效指标。销售活动指标不是考核销售人员的核心指标，通常不推荐使用。许多销售活动指标的作用可以通过销售竞赛和特殊销售激励方案（SPIFF）实现。

4. 主观指标

主观指标，也就是 MBO 目标管理指标，由销售管理层按需要设定（表 8-2）。主观指标主要基于主观观察和评判，往往难以公正和客观地衡量。因此，除了没有销售业绩或无法量化衡量销售业绩的情况，应尽量避免使用。主观指标常用于新销售人员的学习期。新员工在实现销售业绩之前，往往会有一个参加销售培训，学习产品和行业知识，建立销售网络的过程。在此期间，企业可以使用诸如学习能力、学习效果、团队合作等主观指标作为绩效指标，一方面提高新销售人员的收入；另一方面鼓励新员工的正确行为，以确保未来的成功。

表 8-2　MBO 指标与权重示例

MBO 指标	完成区域销售办事处设立	招聘 5 名销售人员	完成 4 个销售培训项目	合计
权　重	40%	45%	15%	100%

销售财务指标和销售战略指标是量化指标。主观指标属于定性指标。许多销售活动指标虽然可以统计数量，如客户拜访数量，但由于通常很难量化衡量它们对整体销售业绩的直接影响，因此被归于定性指标。绩效指标的意义是将销售薪酬激励计划与企业财务目标和战略重点联系起来，向销售人员传递企业希望他们做什么和取得什么结果，同时驱动销售人员的

个人收入。因此，绩效指标应尽可能基于可量化的结果而非难以量化的活动。高效的销售薪酬激励计划应选择销售财务指标和销售战略指标作为绩效指标，避免使用销售活动指标和主观指标。如果使用后者，则应给予较低的权重。销售绩效指标的使用可参考图 8-1 所示的内容。

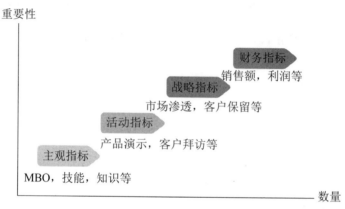

图 8-1　销售绩效指标的使用

二、绩效指标的数量

绩效指标，定义了每个销售岗位最重要的工作领域。广为接受的标准是一个销售薪酬激励计划的绩效指标不超过 3 个，每个绩效指标的权重不低于 20%。使用过多的绩效指标是销售薪酬激励常见的一个陷阱。过多的绩效指标通常表明企业试图用一个销售薪酬激励计划覆盖多个不同的销售岗位，或者管理层对特定销售工作的职责和目标缺乏共识。经验法则显示，如果绩效指标的权重低于 20%，销售人员会聪明地做出选择，将重点放在权重较大，能让他们获得最高回报的绩效指标上。对于权重过小又有完成难度的绩效指标，销售人员会选择忽略。更严重的是，过多的且权重平均的绩效指标，必然导致销售人员迷失工作方向，影响企业业务和战略目标的实现。

许多企业面临的一个挑战是，销售管理者常常错误地使用销售薪酬激励计划管理"非销售行为"，而不是销售行为和结果。销售管理者为了让销售人员做想要他们做的事，把这些事情纳入销售薪酬激励计划中。例如，将客户管理系统 CRM 的数据输入，或者销售费用报销合规性作为考核项目，与销售薪酬激励关联起来。但这些行为与销售业绩和结果并没有因果关系。"非销售行为"的管理应该通过销售经理的日常管理、规章制度和销售人员的个人责任来实现，而不是通过销售薪酬激励计划实现。

三、绩效指标设定的原则

为了确保绩效指标对期望行为和结果的影响，设定绩效指标时需要遵循以下原则。

（1）一致性：绩效指标必须支持企业的销售策略和业务目标，同时符合销售岗位的设计和关键职责。绩效指标必须与业务目标和实现业务目标需要的销售行为或方式保持一致。例如，当企业的业务目标是以弹性的价格快速提升销量，最大限度挤压竞争对手的市场份额时，销量可能是最合适的绩效指标，而销售利润显然是不合时宜的选择。当企业希望通过差异化服务，提升客户体验，建立强有力的品牌时，考核客户满意度和服务质量显然要比考核销售额更有意义。

（2）可控性：绩效指标要么与个人业绩挂钩，要么与精心设定的团队业绩挂钩。管理层应确保销售人员清楚地了解绩效指标，并具备实现绩效指标的能力。销售人员应该确信自己对绩效指标具有实质和持续的影响力，认为这些绩效指标通过努力是可以实现的。例如，销售人员没有权力提高价格或给予折扣，那么将销售人员的激励薪酬与毛利挂钩是不明智的。零售行业门店环境中，销售人员的激励薪酬不应与净利润挂钩，因为他们无法控制影响净利润的许多因素，包括门店的成本和管理费用等。

（3）可靠性：绩效指标必须是可信的。衡量绩效指标的数据来源必须可靠，可以被准确追踪和衡量，以便及时计算和支付销售激励薪酬。销售人员应该可以及时准确地获得绩效指标的相关数据，便于他们评估销售工作的预期结果和对薪酬的影响。

（4）简易性：绩效指标应该简单明了，易于销售人员理解和使用，而不是复杂的数据堆积或计算。销售人员的主要工作是在外建立客户关系或销售。如果绩效指标很复杂，销售人员无法清楚地看到每次销售对其激励薪酬的影响，那么这些绩效指标就会失去应有的效力。

常用通用销售绩效指标示例如下。

销售收入	单位销售额	销售增长率
订单金额	新客户数量	交叉销售额
净销售额	客户保留率	向上销售额
毛利	战略客户销售额	客户满意度
维修／服务合同收入	新产品销售额	MBO
维修／服务合同订单金额	战略产品销售额	

SaaS 企业常用销售绩效指标示例如下。

年度经常性收入（ARR）	客户终身价值（CLV）	转化率
每月经常性收入（MRR）	新客户数量	客户续约率
平均每个客户收入（ARPU）	年度合同价值（ACV）	客户流失率
净经常性收入（NRR）	总合同价值（TCV）	客户保留率
净推荐值（NPS）	合格销售线索（SQL）	
获客成本（CAC）	平均新客户价值	

四、绩效指标设定的方法

企业通常根据销售人员对销售结果的影响程度设定绩效指标。在今天的商业环境里，大部分销售人员的个人工作或多或少也是团队工作的一部分。如果销售人员个人对客户购买决策有关键影响，个人可测量绩效占其销售结果的 80% 以上，那么他们的绩效指标应该完全与个人绩效挂钩，如个人的销售额。如果销售结果主要靠团队完成，个人绩效很难单独测量，那么销售人员的绩效指标应完全基于团队绩效，如团队销售额、区域销售额、事业部销售额等。

除了以上两种情况，如果销售人员的销售结果包含明显可测量的个人绩效和团队其他成员的绩效，企业应同时使用个人绩效指标和团队绩效指标。例如，在某消防安全系统制造企业，项目销售经理虽然在销售过程中扮演不可或缺的角色，但必须依靠产品工程师和客户解决方案工程师强有力的支持，才可能实现销售结果。该项目销售经理的薪酬激励计划包含基于团队和基于个人的绩效指标。

有时候，企业也会为完全基于个人影响力销售的销售人员分配团队指标，如企业整体销售业绩。这样做的目的或是平衡团队成员因区域、客户等不可控因素造成的收入不平衡；或是希望销售人员更多关注整体绩效，而不仅仅是"个人英雄主义"。这种情况下，需要在个人和团队的绩效指标之间审慎设定权重，避免可能出现的负面影响，如表 8-3 所示。

表 8-3　团队绩效指标与个人绩效指标的利弊

	利	弊
个人指标	■ 激励销售人员实现最佳绩效 ■ 清晰区分优秀和后进销售人员 ■ 销售人员直接影响自己的收入 ■ 促进重视销售业绩的文化	■ 导致形成"人人为自己"的心态 ■ 可能伤害团队合作和团队销售 ■ 可能导致销售人员之间抢单和串单 ■ 导致销售区域的矛盾

续表

	利	弊
团队指标	■ 促进基于团队合作的销售文化 ■ 促进关注客户需求，而不仅是个人收入 ■ 减少销售人员之间的矛盾和不良竞争	■ 可能造成"大锅饭"文化 ■ 可能导致优秀销售人员流失 ■ 无法快速诊断哪些因素对绩效的影响最大

除了遵循影响力原则按层级设定绩效指标，企业也可以采用以下方式设定销售绩效指标。

（1）按市场策略设定：细分市场、行业、客户、渠道。

（2）按产品策略设定：新产品、成熟产品、核心产品、边缘产品、产品组。

（3）按盈利模式设定：新收入、重复收入、整体收入。

每种方法都有各自的优缺点。在复杂的销售模式下，企业可以采用一种或几种方式，设定与业务战略方向，以及销售人员的岗位职责相符的绩效指标。表 8-4 为 SaaS 企业销售岗位绩效指标示例。

表 8-4　SaaS 企业销售岗位绩效指标示例

盈利模式	销售收入 ＋	新客户的订单 ＋	老客户的新订单 ＋	经常性收入 －	客户流失
目标	■ 可持续增长	■ 获得新客户	■ 交叉销售 ■ 向上销售	■ 确保客户满意 ■ 确保续订	■ 防止客户流失
负责人	■ 销售总监	■ 业务开发代表 ■ 销售经理	■ 客户经理	■ 客户经理 ■ 客户成功经理	■ 客户经理
绩效指标	■ 总销售收入 ■ 管理 KPI	■ 新客户有效线索＋销售收入 ■ 新客户订单	■ 新拓展的销售收入	■ 净推荐值 ■ 续订率 ■ 流失率	■ 流失率（销售收入和客户数）

　　设定绩效指标时需要同时设定绩效周期，也就是绩效指标的考核周期。对于每个绩效指标，企业必须定义跟踪和衡量的频率和时间。设置绩效周期最简单的方法是销售周期保持一致，同时兼顾企业的销售管理能力。绩效周期的长短会直接影响销售人员的行为。绩效周期过短，考核过于频繁，与较长的销售过程不同步，可能降低销售人员的自主性和积极性。反之，可能导致对销售人员和销售过程疏于管理。一般来说，企业会采用季度、半年度或年度绩效周期。

本 章 小 结

　　绩效指标定义了销售岗位的成功标准，具体展示销售行为和结果之间的因果关系，使销售薪酬激励计划更具可视性。企业必须选择在财务上或战略上最重要的绩效指标来评判和衡量销售人员的表现，计算销售激励薪酬。绩效指标应该不超过3个。过多的绩效指标会降低每个绩效指标的价值，削弱销售薪酬激励计划对总销售结果的真正驱动力。设定绩效指标时，销售薪酬设计人员需要回答以下问题：

- 我们的绩效指标是否反映业务战略和优先事项？
- 我们的绩效指标是否与激励薪酬直接关联？
- 我们的绩效指标是否可以及时和准确地追踪和测量？
- 销售人员是否对绩效指标的实现有直接而全面的控制力？

第九章
怎么做到多劳多得：激励机制

激励机制，也被称为付薪曲线，是销售薪酬激励计划中最复杂的组成部分。激励机制定义不同绩效水平与激励薪酬之间的关系，通过不同要素推动销售人员采取期望的正确行为来实现企业的目标。没有一套放之四海而皆准的激励机制设定方法，即使同一行业相似规模的企业间激励机制也存在许多差异。设计激励机制时，企业需要考虑诸多因素，包括市场和销售环境、销售人员的岗位职责、销售区域划分、销售机会差异、企业成熟度、产品组合等。设计缜密的激励机制能确保有限的激励资金流向合适的销售人员，最大限度地激发他们的积极性和潜力。激励机制可以实现不同绩效水平的薪酬差异化，驱动达到期望的绩效水平。

一、激励机制的不同要素

激励机制包括下列影响激励薪酬的要素。

（1）起付点（Threshold）：又称门槛值，是可接受的最低绩效水平。销售激励薪酬计划通常从起付点开始计算激励薪酬。低于起付点意味着销售人员的表现不会被企业接受，并有可能导致企业采取解雇等行动。一般来说，90% 的销售人员应该可以达到起付点。

（2）目标（Target）：指销售人员获得 100% 激励薪酬需要达到的绩效水平。目标设定的基本规则是 60% ～ 70% 的销售人员可以完成目标。

（3）优异点（Excellence）：指销售人员超过 100% 业绩指标后实现的某个绩效高点。达到优异点后，可以享受激励薪酬的上浮空间。通常只有前 10% 的销售人员有望达到优异点。

（4）加速器（Accelerator）：指一个更高的奖金或佣金比率，用于激励销售人员的优异绩效。例如，销售业绩每增加 1%，销售人员可以获得 2% 的激励薪酬。

（5）减速器（Decelerator）：指销售业绩每增加一个百分点，销售人员获得低于一个百分点的薪酬激励。在使用一个较高的奖金或佣金比率（加速器）后，采用较低的奖金或佣金比率，也是一种减速器。

（6）关联门槛（Hurdle）：类似于起付点，指一个业绩指标的付薪取决于其他业绩指标的完成情况。

（7）调节系数（Modifier）：根据设定的绩效要求和完成情况，销售人员的激励薪酬会被上调或下调。

（8）上限（Cap）：指在销售薪酬激励计划中可以实现的最高激励薪酬。一旦销售人员达到上限，企业不会再为其销售业绩的进一步增长支付更多的激励薪酬。

如图 9-1 所示，激励机制是目标激励薪酬与业绩指标关系的线性表达。在这个销售激励薪酬计划中，起付点为销售业绩的 50%，起付点以下没有任何激励薪酬，达到起付点后，销售人员可以获得 50% 的激励薪酬。这个计划使用加速器和减速器。50% ～ 100% 业绩区间的加速器为 2 倍。在此区间，销售人员每完成 1% 的销售业绩，可以获得 2% 的激励薪酬。当销售人员达到销售目标，也就是完成 100% 销售业绩时，可以获得 100% 的激励薪酬。这个计划的优异点为销售目标的 150%，销售人员达到优异点时，根据激励杠杆，可以获得 200% 的激励薪酬；100% ～ 150% 业绩区间的加速器为 2 倍，销售人员每完成 1% 的销售业绩，可以获得 2%

的激励薪酬；超过优异点后，0.5 倍减速器启动，销售人员每完成 1% 的销售业绩，可获得 0.5% 的激励薪酬。这个计划的上限为 225%，销售人员的业绩超过 225% 后，不再获得激励薪酬。

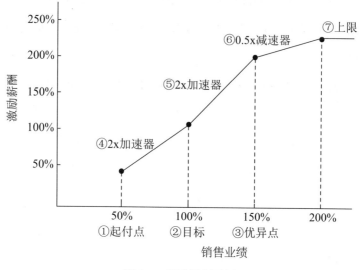

图 9-1　激励机制示例

激励机制的各要素对激励薪酬的作用各不相同。然而，设计激励机制的时候，不一定需要同时使用它们。太多不同的要素可能导致销售薪酬激励计划过于复杂。

二、起付点与优异点

销售薪酬设计人员必须在薪酬计划中设定绩效目标，预测目标实现的结果，奖励能够实现这些绩效结果的销售人员。设定起付点和优异点将销售人员的绩效结果进行区分是有效的方法。一个广为接受的指导原则是，90% 的销售人员应该达到起付点，60% ～ 70% 的销售人员可以达到目标，10% 的销售人员可以达到优异点。

企业可以为总体绩效设定起付点和优异点，也可分别为不同产品或不同考核指标设置起付点和优异点。设置起付点和优异点时需要考虑具体的销售行为和市场条件。设置起付点和优异点的具体值没有统一的标准。图 9-2 为不同层级的销售人员起付点和优异点提供了一个参考模型。

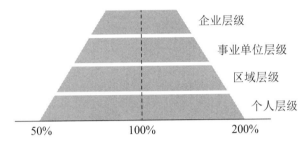

图 9-2　不同层级的起付点与优异点设置参考

　　某企业的销售激励薪酬计划将起付点设置为 50%，优异点设置为 150%。达到起付点时，销售人员可以获得 50% 的激励薪酬。达到优异点时，销售人员可以获得 200% 的激励薪酬。表 9-1 列出了业绩完成率对应的激励薪酬。

表 9-1　业绩完成率对应的激励薪酬

销售业绩完成率	激励薪酬	销售业绩完成率	激励薪酬
100%	100%	150%	200%
99%	98%	149%	198%
98%	97%	148%	196%
97%	95%	147%	194%
96%	93%	146%	192%
……	……	……	……
74%	57%	106%	112%
73%	55%	105%	110%
72%	53%	104%	108%
71%	52%	103%	106%
70%	50%	102%	104%
<70%	0%	101%	102%

1. 起付点

起付点的使用因销售岗位、销售策略和期望的销售行为而异。下列情况下，企业会在销售激励薪酬计划中设置起付点。

（1）管理现有客户的销售人员、客户经理／区域经理等。

（2）以销售业绩增长为重点的成熟市场。

（3）销售岗位拥有良好的历史绩效数据，使管理层能够自信地设定起付点，以便90%的销售人员超过起付点。

（4）根据总体绩效衡量标准（例如总销售额或总利润值）衡量业绩的销售岗位。

一般情况下，设置起付点应遵循以下基本原则：如果市场在增长，起付点应高于上一年完成的业绩；设定在行业内同行绩效范围的低端（第10个百分位）；设定在90%销售人员可以达到的绩效水平；较高的基本薪酬设置较高的起付点，较低的基本薪酬设定较低的起付点。

起付点的高低因企业而异，70%是常见的起付点。企业通过提高起付点来增加销售收入和利润。通常，业绩目标设定的准确性越高，起付点就可以设置得越高。许多企业常常因为对业绩指标的准确性没有信心，而降低起付点。例如，某企业2020年的业绩指标设定错误，80%的销售人员没有完成业绩指标。2021年企业重新设定的业绩指标，但管理层依旧不确定新的业绩指标是否合理，因此将起付点从原来的70%降低到60%。

一些企业将起付点水平与基本薪酬或员工的成本挂钩（薪酬福利、管理费用等），期望在销售人员获得激励薪酬之前"收回"成本。然而，这种方法缺少灵活性，特别是在企业需要部署资源来销售新产品或服务，或建立新客户市场的时候。

与销售人员相比，销售管理者的绩效范围设置更严格。衡量销售人员的个人业绩时，人们可能会说，因市场情况、岗位或者区域不同，50%、

60% 或 70% 的起付点是可以接受的。然而，销售管理者可能负责一个城市、地区或国家的销售业绩。如果他们完成 50%、60% 或 70% 的业绩，将对实现企业的总体目标产生破坏性后果。

高级管理层并不愿意看到销售管理者的业绩呈正态分布，不希望看到 10% 的销售管理者未达到起付点。理想状态下，销售管理者的绩效应该呈偏态分布，所有销售管理者都应该完成业绩目标（图 9-3）。因此，销售管理者的薪酬激励计划中会设置较高的起付点。高级管理层通常根据历史数据来设定销售管理者的起付点，希望每年都更上一层楼，实现更好的业绩。

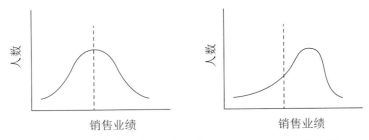

图 9-3　销售管理者业绩的正态分布（左）和偏态分布（右）

起付点的规则是销售业绩未达到起付点时，销售人员没有任何激励薪酬。那么，起付点应该获得多少激励薪酬呢？常见的做法是 50% 及以上的起付点对应 50% 的激励薪酬；超过起付点后，激励薪酬将线性地向 100% 目标激励薪酬快速移动；50% 以下的起付点，可以对应相同比例或较小比例的绩效薪酬，例如，40% 的起付点对应 30% 的激励薪酬。

起付点代表可以接受的最低绩效水平。未达到起付点的 10% 的销售人员可能是需要淘汰的低绩效员工，也可能是销售岗位的新人，或者是刚开始开发新客户或新区域的销售人员。很多时候，未达到起付点可能是组织资源的配置失误造成的。例如，将农夫型销售人员安排在需要猎人型销售人员的岗位上。总之，对于未达到起付点的这个群体，销售管理层可能需要提供更多的培训、支持和鼓励。

有时候，企业不设置起付点，从第一元销售业绩开始支付激励薪酬。不设起付点的情况包括：基本薪酬占目标薪酬百分比较低的销售岗位；按每笔交易而不是总体绩效计算薪酬的销售岗位；新销售人员；尚无任何销售业绩的全新业务或区域，这时每笔销售都是重要的增量增长。

企业决定不设起付点时需要谨慎。从第一元销售业绩开始支付激励薪酬的主要弊端是，业绩不佳的销售人员可以获得一些激励性收入，因而安于现状、不思进取，并消耗企业的预算。这可能导致留给优秀的销售人员的预算不足，最终损害企业的整体绩效。

2. 优异点

优异点是对排名前 10% 员工的期望业绩水平。设置优异点应遵循的基本原则包括：设定在销售业绩预测的最高点，设定为上一年的最高业绩或之前创纪录的业绩，设定在行业内同行绩效范围的高端，设定在只有前 10% 的销售人员可以达到的绩效水平。

达到优异点意味着可以享受激励杠杆。图 9-2 中，销售职位层级越高，优异点越低。这是因为销售岗位的层级越高，担负的销售指标也越高，而对销售结果的直接影响力却越弱。对于许多科技企业来说，优异点常常达到目标的 120% ～ 150%。在某些新兴行业，优异点可以达到目标的 200%。而在一些传统行业，如石油和石化行业，成熟稳定的市场意味着优异点可能在目标的 102% ～ 105%。评估正确的优异点取决于数据。有时，企业可以将优异点设定在略高于销售预测的水平，以便管理财务风险。

三、加速器与减速器

1. 加速器

加速器指销售业绩每增加一个百分点，销售人员可以获得高于一个百分点的激励薪酬。例如，销售业绩每增加1%，销售人员可以获得3%的激励薪酬。当销售人员超出其设定的绩效水平时，加速器就会启动。加速器的基本作用是驱动高绩效，为不同水平的销售业绩支付有竞争力的薪酬。哈佛大学的研究显示，与不使用加速器相比，使用加速器给企业带来的销售额和利润增长分别超过13%和2%。加速器让优秀的销售人员保持投入和动力。设计得当的加速器鼓励销售人员达到并超越他们的目标，提高优秀销售人员的薪酬，同时限制低绩效销售人员的薪酬。这使优秀的销售人员的个人薪酬和企业整体销售薪酬成本都具有市场竞争力。如果没有合适的加速器，薪酬组合和激励杠杆对销售人员的财务影响可能会比预期的小得多，这意味着企业可能会给高绩效销售人员支付过低的薪酬，而给低绩效销售人员支付过高的薪酬。

李 × 在一家体育用品公司任销售代表。该公司的销售考核周期为半年。销售薪酬激励计划设定销售人员达到110%的销售业绩优异点后，加速器就会启动，佣金比例将从10%提高到18%。李 × 上半年完成三个重要销售订单，使她的销售业绩达到136%。超出优异点26%的销售业绩按18%的比例计算佣金。李 × 因此获得了一笔可观的激励薪酬，充满自信地投入下半年的业绩冲刺中。

企业可以使用包含多个加速器的多级激励薪酬结构。在这种结构里，每个梯级的销售业绩对应更高的激励薪酬，以此鼓励销售人员达到更高的绩效水平。图 9-4 为一个使用多个加速器的佣金型销售薪酬激励计划。计划的起付点为 50 万元，销售人员的业绩达到起付点时，可以获得 2.5 万元激励薪酬；50 万～ 100 万元的业绩区间内，销售佣金比例为 5%，销售人员完成 100% 业绩目标时可以获得 5 万元的激励薪酬；超过 100% 业绩目标后，佣金比例上升为 6.7%，销售人员达到优异点时，可以获得 10 万元的激励薪酬。

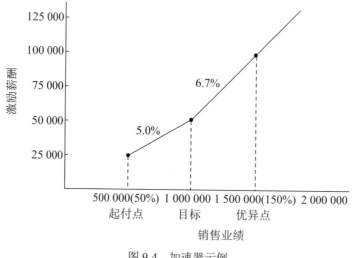

图 9-4　加速器示例

有时候，加速器可以是一笔一次性奖金。例如，销售人员的业绩指标是 100 万元，销售业绩超过 150 万元，销售人员可以额外获得 5 万元的奖金。有时候，加速器也可以是回溯性的。假设销售人员的业绩指标是 100 万元，业绩优异点是 120 万元。在 100 万～ 120 万元的业绩区间内，佣金比例是 2%。当销售业绩超过 120 万元时，所有的佣金将按 3% 计算。如表 9-2 所示，不同的加速器各有优缺点，怎样使用取决于销售业务和销售团队的需要。

表 9-2 加速器类型与优缺点

加速器类型	优　　点	缺　　点
梯级型加速器	激励不同层级的绩效	设计复杂，管理复杂
一次性奖金	易于理解，管理简单	缺少弹性，可能和 SPIFF 等其他激励方法混淆
回溯加速器	易于理解，管理简单	缺少弹性，未启动加速器时，奖金可能偏低

　　尽管有许多因素会影响加速器的设定，但设计的起点首先是考虑激励杠杆和优异点。激励杠杆定义优秀销售人员可以获得多少收入，优异点决定获得激励杠杆的绩效水平。在这两个数字的基础上，考虑设置多少加速器和每个加速器的数值。

　　此外，加速器的设定也与起付点相关。企业进入不确定市场时，如新兴市场或销售新产品的市场，激励机制需要反映销售环境的不可预测性。这意味着企业可以使用较低的起付点和温和的加速器。相比之下，处于更成熟市场的企业可能需要更高的起付点和更激进的加速器。否则，企业就可能无法拉开低绩效销售人员和优秀销售人员之间的收入差异。图 9-5 和图 9-6 分别显示了一个薪酬组合为 60/40，激励杠杆为 3 倍的销售薪酬激励计划采用起付点、低加速器和高起付点、高加速器时的不同付薪曲线。起付点对应的激励薪酬相同时，起付点越高，起付点到目标的付薪曲线就越陡峭。

　　我们在前面章节讨论过"万能的中间派"。销售薪酬激励计划需要激励这个群体产生额外的销售业绩。《哈佛商业评论》发表的研究指出，销售人员的流动率呈倒 U 形分布。绩效位于中间的销售人员，比优秀销售人员和低绩效销售人员更容易离职。我们建议，付薪曲线最陡峭的部分可以出现在 95%～105% 的业绩范围，也就是通过更积极的加速器激励促使中间销售人员实现更高的绩效水平，增加这些员工的保留率。对于表现最好的员工，其他激励杠杆和奖励因素可以发挥更大的绩效激励作用。

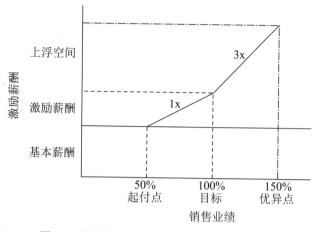

图 9-5　激励杠杆示例——低起付点、低加速器

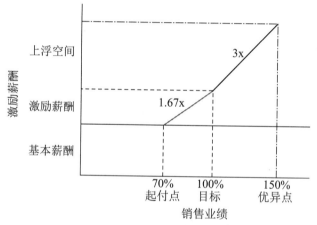

图 9-6　激励杠杆示例——高起付点、高加速器

2. 减速器

减速器与加速器的效果相反，指销售业绩每增加一个百分点，销售人员可以获得低于一个百分点的薪酬激励。例如，销售业绩每完成 1%，销售人员可以获得 0.5% 的激励薪酬。许多时候，减速器是相对于加速器而言的。在某个业绩区间，企业使用加速器，销售业绩每增加 1%，销售人

员可以获得 2% 的激励薪酬。在随后的业绩区间，企业使用减速器，销售业绩每增加 1%，销售人员可以获得 1.2% 的激励薪酬。

减速器常常与加速器结合使用，比如在起付点和目标之间使用加速器，超过目标之后使用减速器。这样做的目的是帮助企业调节销售薪酬成本，既有助于激励销售人员，也符合企业的利益。减速器可以用于代替激励薪酬的上限，使销售人员的收入不再显著增加，同时避免销售人员觉得收入受到了限制。

减速器还可以推动业务战略的实施。例如，企业实施产品组合策略，可以将减速器用于非重点或较容易销售的产品，推动销售人员将精力放在产品组合的重点产品上。

在设置起付点的销售薪酬激励计划中，大部分情况下，销售人员如果未达到起付点，将得不到任何激励薪酬。有时候，当销售人员未能达到起付点时，企业可能会使用减速器，保证销售人员的基本收入。这种情况通常发生在销售人员没有基本薪酬或基本薪酬较低的情况下，或者企业开拓之前没有业绩的新区域或销售全新产品的时候。表 9-3 的佣金型销售薪酬激励计划里，起付点为 70%，起付点至目标的佣金为 5%。在起付点前设置了 0.5 的减速器，佣金比例为 2.5%。表 9-4 的奖金型销售薪酬激励计划里，起付点为 70%，起付点之前的减速器为 0.71，最高可以获得 40% 的目标激励薪酬。

表 9-3　佣金型销售薪酬激励计划

销 售 业 绩	加速器 / 减速器	佣　　金
<70%	0.5	2.5%
70% ～ 100%	1	5%
100% ～ 120%	1.67	8.3%
>120%	2.5	12.5%

表 9-4　奖金型销售薪酬激励计划

销 售 业 绩	加速器 / 减速器	激励薪酬
<70%	0.71	40%
70% ～ 100%	1.67	50% ～ 100%
100% ～ 150%	2	101% ～ 200%
>150%	—	封顶

四、关联门槛与调节系数

关联门槛是获得某一绩效指标的激励薪酬需要达到的先决条件。也就是说，销售人员必须先完成第一项绩效指标，然后才能获得第二项绩效指标的激励薪酬。表 9-5 的关联门槛示例中，当销售业绩超过 100% 后，其中核心产品的销售业绩必须达到 90%，才会计算超额部分的激励薪酬。表 9-6 的关联门槛示例中，只有产品 C 的销售额超过 80% 时，才计算产品 A 和产品 B 的超额佣金。

表 9-5　关联门槛示例 1

销 售 业 绩	加速器 / 减速器	激 励 薪 酬	关 联 门 槛
<70%	—	0	核心产品的销售额达到 90%，计算超额部分的激励薪酬
70% ～ 100%	1.67	50% ～ 100%	
100% ～ 150%	2	101% ～ 200%	
>150%	—	封顶	

表 9-6　关联门槛示例 2

销 售 额	产品 A 佣金	产品 B 佣金	产品 C 佣金	关 联 门 槛
<100%	5%	8%	6%	产品 C 的销售额不低于 80% 时，计算产品 A 和 B 的超额佣金
>100%	8%	12%	10%	

调节系数与关联门槛类似，也是使用某个绩效指标的完成结果对另一个绩效指标的激励薪酬进行调整。两者的重要区别在于，使用调节系数时，第二个绩效指标的完成结果可以增加或减少第一个绩效指标的激励薪酬。表9-7为调节系数的示例。假设某销售人员完成的销售业绩为150%，对应的激励薪酬为200%，但该销售人员完成的利润率小于5%，则他的实得激励薪酬为100%。本书第十三章的销售薪酬激励计划案例里提供了另一个调节系数示例。

表9-7　调节系数示例

	销售业绩	激励薪酬
销售业绩	<70%	0
	70%～100%	50%～100%
	100%～150%	101%～200%
	>150%	封顶
	利润率	调节系数
调节系数	>30%	115%
	21%～30%	110%
	11%～20%	100%
	5%～10%	75%
	<5%	50%

注：实得激励薪酬＝激励薪酬 × 调节系数。

这里需要指出的是，一些企业试图将关联门槛与调节系数作为惩罚低绩效销售人员的工具。这些企业希望通过这些要素的设置，降低绩效员工的收入，使他们自动离职。但这并不是明智的做法。研究发现，表现不佳的销售人员会意识到自己在其他企业的机会同样有限，因而更不可能主动离职。激励机制的主旨应该始终是正向积极的。低绩效员工的管理应该通过正式的绩效管理系统（Performance Management System）实现。

五、封顶还是不封顶

销售薪酬激励计划是否应该设收入上限，也就是俗称的收入封顶，一直是销售管理层争议的问题。众多研究已经证明，为销售人员设定收入上限会伤害销售人员的积极性，影响销售业绩。销售激励薪酬计划是基于风险的奖励方式，销售人员根据业绩获得激励薪酬。因此，就本质而言，为基于风险的薪酬方式设定上限是不合理的。销售人员的心理特征是想要得到无限的激励。尽管绝大部分销售人员达到上限的可能性非常低，当企业设置激励薪酬上限时，他们心理上依然会认为自己的收入机会被管理层剥夺了。那些达到或接近上限的销售人员会放慢销售速度，将销售推迟到下一个周期，以实现收入最大化，毕竟没有人愿意无偿工作。

除了影响收入，上限更大的危害是降低士气，破坏信任，尤其是在表现优异的销售人员中。在图9-7的案例中，企业为销售业绩设置150%优异点和收入上限。假设某位销售人员完成率为200%，多完成的业绩是没有报酬的。这时，就产生了一个激励盲区。激励盲区常常是顶尖销售人员感到沮丧，甚至离职的原因。因此，企业谨慎考虑是否需要设置上限。如果设置了上限，企业需要通过其他激励手段来降低激励盲区带来的负面影响，如一次性奖金，或者认可、旅行等非现金激励。

实践中，许多销售管理层依然选择设置上限。有的销售管理层担心如果不设上限，销售人员大量超额完成业绩时可能带来财务风险。但当问及有多少销售人员达到上限时，答案通常是"没有"或"几年前有几次"。销售人员大量超额完成业绩最可能的原因是业绩指标设置错误或预测错误，设置上限对解决这类问题并无裨益。有的销售管理层担心不良销售人员利用不设上限，以不道德的手段获取利益。例如，与客户勾结，大量交易，获取激励薪酬后再退货。然而，这类"钻空子"的情况往往涉及销售管理本身和销售薪酬激励计划整体设计的漏洞，与上限并无直接关联。还有的销售管理层担心"意外之财"给企业带来财务风险，这点我们将在后面讨论。

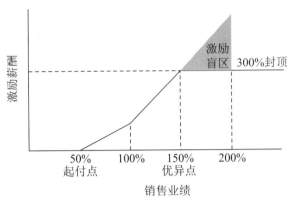

图 9-7　上限与激励盲区

销售人员梦想获得高额激励薪酬。毫无疑问，在一个高效的销售薪酬激励计划中，销售人员收入越丰厚，企业的业绩就越好。《哈佛商业评论》指出，取消销售人员的奖金上限可以使销售业绩提升 8%。我们建议，如果企业是第一次制订销售薪酬激励计划，那就不要先入为主地设定上限。如果企业已有设置上限的销售薪酬激励计划，那么就审视一下历史数据。如果过去很少有达到上限的情况，那就不要再设置上限影响销售人员的积极性。企业需要对销售薪酬激励计划进行仔细的财务建模。事实上，如果激励杠杆设置合理，销售薪酬成本是可以预测的，不需要设定上限。

总之，上限更多的是关于人、行为和心理学，而不是关于数学。因为没有激励措施来保持最佳绩效，上限还会降低销售人员的积极性，从而阻碍持续的销售过程。如果企业一定要设置上限，特别是在面对高度不稳定的市场和无法预测的未来需求时，可以考虑使用软上限，即单笔交易上限或减速器。

（1）单笔交易上限：与绝对上限相比，为每笔交易设置上限可能是给企业和销售人员带来双赢的方法。单笔交易上限降低了销售过程中企业可能面对的财务风险，同时为单笔交易向销售人员支付合理的激励薪酬，让他们渴望下一笔交易。除了为单笔交易设置上限外，企业还可以根据需要对特定产品设定上限，这种方法除了防止财务风险外，也可以避免"过度"销售导致的产能、质量、物流和服务风险，让销售人员关注不同产品销售业绩的平衡。

（2）减速器：减速器保持收入持续增长，但在最高绩效水平下的增量收益远低于较低绩效水平。在图 9-8 的示例中，未达到 70% 起付点，销售人员没有激励薪酬。起付点到目标之间，使用梯级加速器计算激励薪酬。70% ～ 100% 的业绩区间内，销售人员每完成 1% 的业绩，可获得 1.67% 的激励薪酬。100% ～ 150% 优异点的业绩区间内，销售人员每完成 1% 的业绩，可获得 2% 的激励薪酬。150% 优异点以上的业绩，使用减速器计算激励薪酬。销售人员每完成 1% 的业绩，可获得 1% 的激励薪酬。减速器使得额外销售的收益得以保持，从而鼓励销售人员继续销售，同时降低企业可能面临的现金流风险。

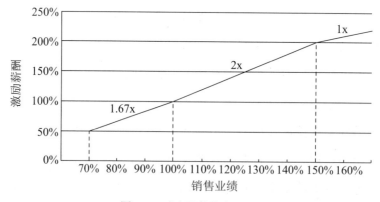

图 9-8　减速器替代上限示例

六、管理意外之财

意外之财（Windfall），指的是出乎意料的、在销售计划外的巨额订单。意外之财往往是天上掉馅饼，销售人员没有付出太多努力，意外机会或交易就落入囊中。任何完善的销售预测和计划都不可能完全避免意外之财。对企业来说，意料之外的销售业绩多数情况下是受欢迎的，因为它们是实现企业整体销售目标的一部分。笔者曾听某位 CEO 叙述自己在得知意料之外的巨额订单时喜极而泣的经历。不可预测的巨额订单带来的奖励往往是一个巨大的挑战，各种问题可能会接踵而至，其中，现金流的压力是主要问题，奖励与所付出的努力严重不成比例也是一个常见问题。

很多情况下，在应对意料外的巨额订单时，高级销售管理层和团队其他成员都会积极参与，投入大量的时间和精力来赢得业务。但销售人员常常是激励薪酬的赢家，其他参与人员通常不会得到奖金。以某商业银行为例，不佳的经济形势严重影响了银行的储蓄业绩，银行出台了激进的销售薪酬激励计划。不久，某位投资客户中了巨额彩票，并决定存入该银行，负责的销售人员因此获得巨额奖金。然而，该奖励不仅影响了银行的收益，还给人力资源层面带来问题，整个销售团队弥漫着不公平的沮丧气氛。

企业可以制定单独的意外之财政策，或者在销售薪酬激励计划中针对性地制定相应的条款，对意外之财或超大订单的定义和奖励做出清晰的规定，确保销售薪酬激励的公平性。例如，某高科技企业明确规定，如果单笔交易金额占销售人员年度业绩指标的 50% 以上，将采用单独的奖励方式，包括管理层评估、设定减速器和上限。某超声波探测设备企业规定，金额超过当年销售人员业绩指标 100% 的订单将单独计算激励薪酬。同时，管理层将制定一个付薪时间表，分期支付激励薪酬。

需要提醒的是，在设定意外之财条款时，应明确管理层在处理独特的销售情况时有最终决定权。

本 章 小 结

激励机制将销售薪酬的许多不同方面联系在一起，比如销售战略、销售人员激励、人才保留，以及销售业绩和激励薪酬之间的财务平衡。激励机制并不能完全解决销售薪酬方面的诸多挑战，但它能为销售战略、销售人员的积极性和整体参与度增加很多价值，并帮助保留表现优异的员工。设计激励机制是数学和管理艺术的结合，销售薪酬设计人员需要考虑以下问题：

- 是否有足够的历史数据，帮助我们评估在哪里设置起付点和加速器？
- 我们的加速器有没有在增加销售人员收入的同时，有效促进更高水平的业绩？
- 我们可以接受的最低绩效水平是多少？表现不佳者的薪酬是否过高？
- 我们是否需要设置上限，防止引发意外的财务风险？
- 我们是否有评估激励机制投入使用后的预期结果？

第十章
销售人员应该完成多少业绩：销售配额

企业为销售人员设定绩效指标后，需要为每个绩效指标制定可衡量的业绩目标，也就是销售配额。销售配额也称为销售指标或业绩指标，是未来一段时间内销售人员需要完成的总销售业绩，也就是在上一章讲到的100%目标。表10-1的示例中，客户经理的销售配额为860万元。客户经理不仅需要努力完成自己的销售配额，还要尽力超额销售，帮助团队完成销售业绩，这样才能获得全部激励薪酬。

表 10-1　客户经理销售配额示例

绩效指标	权重	配额	激励杠杆	起付点	优异点
个人销售额	80%	8 600 000	3x	70%	150%
团队销售额	20%	75 000 000	1.5x	90%	110%

企业通过确定市场潜力、历史销售数据、销售流程和方法等因素，结合特定期限内市场波动的预测和销售人员的个人情况，设定销售配额。对企业来说，销售配额是定义和驱动销售努力的重要管理手段。通过设定销售配额，企业可以为绩效指标提供量化衡量标准；明确销售团队和销售人员在特定期限内要实现的业绩目标；评判销售团队和销售人员的有效性；明确销售人员的职责和权力，激励销售员人员实现目标；控制实现销售业绩所需的费用；跟踪、识别和管理销售人员的表现；平衡不同销售区域的业绩增长；协调销售人员与其他部门的合作。

一、销售配额的 60—10—10 原则

销售配额的高低直接影响企业整体业绩和销售人员收入。大多数情况下，企业希望设定更高的销售配额，以实现更高的销售收入和利润。然而，这可能会导致现有销售人员能够实现的业绩目标与管理层的期望之间存在差距。企业需要在销售人员的目标薪酬和他们的业绩配额之间保持健康平衡的关系。设定销售配额时，一些企业采用的方式是，销售人员的销售配额是销售人员目标薪酬的 6 ～ 8 倍。例如，某客户经理的年目标薪酬为 20 万元，那么他的年度销售配额应该不低于 120 万元。但是目标薪酬的 6 ～ 8 倍并不是一个通用标准，企业需要根据自身在行业的竞争力、销售人员的经验、销售流程的复杂性和企业的成熟度等因素来决定销售配额。

心理学研究明确了目标和个人绩效之间的关系。一方面，如果人们认为设定的目标无法实现，他们会选择忽略这些目标；另一方面，可以轻易实现的目标同样会让人失去努力的动力。目标设定的关键是在挑战性和可实现之间找到适当的平衡。如果大部分销售人员无法完成销售配额，由于固定成本的存在，销售成本将会居高不下。与此同时，销售人员也会失去对管理层的信任，失去动力和信心。但是，当大多数销售人员可以完成销售配额时，随着更多的销售人员通过加速器和激励杠杆获得更高的激励薪酬，销售成本也会快速增加。而这种大锅饭式的"皆大欢喜"的结果，会导致有限的资源无法集中于优秀的销售人员，无法创造可持续的绩效增长。有能力的销售人员，会因为觉得不公平而灰心丧气。

那么，企业怎么判断是否为销售人员设定了适当的销售配额呢？一个广为接受的指导原则是 60—10—10 原则：60% ～ 70% 的销售人员可以完成销售配额，10% 的销售人员达到优异点，10% 的销售人员达不到起付点，如图 10-1 所示。

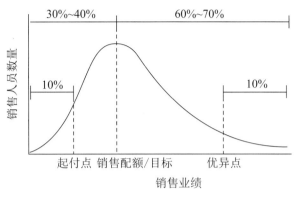

图 10-1 业绩配额分布

我们在上一章讨论起付点时谈到，10% 未达到起付点的销售人员，可能是需要淘汰的低绩效员工，可能是需要调任其他岗位的"错位"员工，也可能是该职位的新人。新销售人员需要一定的学习提升期才能产生业绩。如果新销售人员入职后立即进入销售薪酬激励计划，一般来说需要 3 ～ 6 个月的销售配额过渡期。在过渡期内，销售配额应当相应降低。过渡期后，再恢复正常的销售配额。对于 60% ～ 70% 可以完成指标的销售人员，企业要做的是通过分析历史销售数据确定合理的销售配额，结合激励机制，让这个群体实现额外的业绩增长。一开始做到这一点可能很难，但随着时间的推移，通过不断重复的检查和测试，销售配额的设定会越来越明确。对于前 10% 的优秀销售人员，无论遇到什么挑战，他们都会表现出色。但企业需要注意保护他们的积极性，防止出现鞭打快牛的情况。

60—10—10 原则可以帮助企业有效规划销售薪酬预算，将有限资金用于激励可以产生更多绩效的员工。销售薪酬成本率（Compensation Cost of Sales，CCOS）可以帮助企业确定是否在销售上获得了最好的投资回报。销售薪酬成本率是销售人员的总收入与他们的销售业绩之间的比率，用百分比表示。一般来说，企业希望看到销售薪酬成本率尽可能低，同时仍然可以实现销售目标，保持销售队伍稳定。

我们来看一下不同绩效销售人员的销售薪酬成本。某企业的销售薪酬激励计划中，销售人员的目标薪酬为 20 万元，薪酬组合为 50/50，激励杠杆为 3 倍。销售人员的业绩配额为 150 万元，起付点为 50%，优异点为 200%。表 10-2 列出了该企业三位销售人员的业绩、激励薪酬和销售薪酬成本。我们可以看到，低绩效销售人员的销售薪酬成本比高绩效和完成目标的销售人员高出 2.2 个百分点。如果要达成同样的业绩，需要 4.7 名以上的低绩效员工来取代一个高绩效员工。

表 10-2　销售薪酬成本率示例

销售人员	业绩完成率	销售额	基本薪酬	激励薪酬	总收入	销售薪酬成本率
A	45%	645 000	100 000	0	100 000	15.5%
B	100%	1 500 000	100 000	100 000	200 000	13.3%
C	200%	3 000 000	100 000	300 000	400 000	13.3%

注：在这个案例中，除表中列出的收入外，销售人员没有其他收入。

很明显，低绩效销售人员的成本高昂，企业不应向低绩效员工支付过高的报酬，而是应该更有效地奖励高绩效员工。设计销售薪酬激励计划时，企业将没有完成销售配额的销售人员未获得的激励薪酬，放入高绩效员工的奖金池，用于支付高绩效员工的超额激励。这就是销售激励里的"劫贫济富"。"劫贫济富"体现了按绩效付薪、多劳多得的薪酬理念和销售文化。如果企业注重问责和业绩增长，那么 60—10—10 原则将帮助企业"劫贫济富"，实现对高绩效销售人员的激励承诺。

二、销售配额设定的方法

销售配额通常是自上而下地层层分解。首先，从管理层确定企业层面的销售配额开始，然后分配到事业部或细分市场层级；其次，事业部或细分市场分配到销售区域或销售团队层级；最后，销售经理为每个销售人员设定个人销售配额。在设计销售薪酬激励计划设计时，我们讨论的是销售人员的个人销售配额设定。

为销售人员设置销售配额，对任何企业来说都是一项容易引起争议的工作。为了准确有效地设置设定销售配额，企业需要考虑以下三个相关变量。

（1）市场潜力：宏观经济形势、产品策略、市场策略、市场预测及客户规划。

（2）销售机会：销售策略、销售工具、销售管理、工作量分配和销售效率。

（3）销售人员：销售人员的岗位职责、能力、动机与敬业度。

企业需要针对这三个变量，尽可能多地收集必要的和可用的数据和信息，为销售配额决策提供依据。最终，销售配额的设定成功与否取决于其背后数据的全面性和质量。

在设定销售配额时，我们建议实施以下原则，确保销售配额的有效性。

（1）公平：公平是必须遵循的基本原则。如果销售人员认为销售配额是公平的，他们会更容易接受和执行它。

（2）透明：设定销售配额的过程应该公开透明。销售人员应该参与设定过程，或者至少被征询意见，这对赢得销售人员的支持至关重要。

（3）与战略一致：销售配额应该与企业的业务战略目标一致。例如，新产品即将上市并成为企业的战略核心，销售配额的设定是否反映了这一点？

（4）可实现的：对 60% ～ 70% 的销售人员来说，销售配额是可以实现的，而不是只有表现最好的销售人员能够达到他们的目标。

（5）兼顾整体：销售配额应该与整个销售薪酬激励计划相匹配，确保销售人员对销售薪酬激励计划的信心。

（6）标准一致：设定销售配额的标准、方法和流程对岗位职责相似的销售人员是一致的。

（7）简单明了：设定销售配额的标准、方法和流程易于解释和遵循。企业需要创建一个沟通流程，让销售经理解释销售配额是如何设定的，并帮助销售人员制定策略以超额完成任务。

销售配额设定没有什么万能的解决方案。虽然没有具体的公式或标准，但是企业可以遵循科学的方法来有效地设定配额。常用的设定销售配额方法有六种，包括平摊分配法、增长分配法、关联分配法、区域规划法、客户规划法和上下协调法（图10-2）。平摊分配法和增长分配法基于历史数据，简单易行。其余四种方法基于市场潜力，考虑影响销售业绩，以及区域和客户销售潜力的内部和外部因素，因而更具战略性。但这四种方法过程复杂，需要收集和分析大量的相关数据和信息。总体来说，随着时间的推移，企业发展的日益成熟，销售配额设定通常会从基于历史数据的方法转向更基于市场的方法。

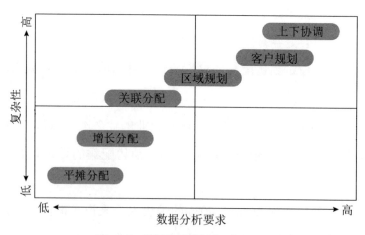

图 10-2　常用的销售配额设定方法

1. 平摊分配法

顾名思义，平摊分配法将整体销售配额平均分配给每一个销售人员（图 10-3）。这是以企业为中心的方法，也是最简单的方法。例如，某企业有一个 20 人的销售团队，企业的销售业绩目标为 5000 万元，每个销售人员的业绩指标为 250 万元。平摊分配法适用于所有环境，当市场和历史数据很少且销售周期较短时，这种方法较为多见。新产品上市或开拓全新区域时，等额销售配额可以节约时间和资源，让整个销售团队中每个人专注实现目标。平摊分配法的主要缺点是，没有考虑不同区域或客户的销售机会和潜力。因此，可能会为负责高潜力区域或高潜力客户的销售人员创造"不劳而获"的机会，或为那些处于低潜力区域的销售人员制造不可能实现的目标。

图 10-3　平摊分配法示例

2. 增长分配法

增长分配法，又称历史数据分配法，是基于上一年的销售配额或实际销售业绩设定新的销售配额（图 10-4）。通常，企业在销售人员去年业绩的基础上给每人分配一个相同的增长目标。例如，某企业董事会定下的业绩增长目标为 6%。每个销售人员需要在上一年销售业绩的基础上，完成 6% 的业绩增长。由于增长分配法实施时阻力较小，许多企业传统上使用它设定年度销售配额。和平摊分配法一样，增长分配法是一个简单的过程，并不考虑不同区域或客户的销售机会和潜力。很多时候，增长分配法会导致鞭打快牛的情况。优秀的销售人员因为上一年度的强劲绩效而承担更多增长目标，承受"绩效惩罚"。为了减少鞭打快牛，提高方法的精确度，管理层可以使用过去数年销售人员的平均业绩，作为设定销售配额的基准。

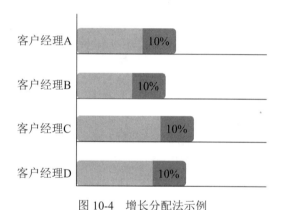

图 10-4　增长分配法示例

3. 关联分配法

关联分配法类似增长分配法，但同时考虑各种影响销售人员绩效实现的因素，如市场潜力、产品渗透率、竞争程度、新客户的来源，或销售人员的能力和经验（图 10-5）。例如，某企业的业绩增长目标为 6%。企业首先为每个销售人员设定 4% 的增长目标，然后将剩余 2% 的销售业绩根据销售人员负责的区域和客户的销售潜力进行分配。每个销售人员在 4% 的业绩目标上，分别增加 1% ～ 16% 的增长目标。关联分配法可以为销售人员制定更公平的销售配额，适用于存在相当大的不确定性的市场环境。对于能够获得准确市场数据的企业来说，这是一种有效方法。

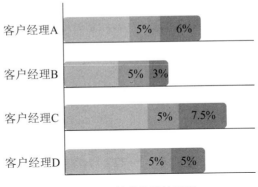

图 10-5 关联分配法示例

4. 区域规划法

区域规划法需要评估销售人员所负责区域的最大销售潜力，根据区域销售潜力分配销售配额。当每个销售人员负责一个独立区域，区域划分明确且不与其他区域重叠时，区域规划法可以给出精确的销售配额。区域规划法将销售配额与区域划分相结合，对销售区域设计提出了很高的要求。在区域较少、不同区域销售潜力较平均的情况下，前面讨论的三种销售配额分配方法可以在区域层面使用。很多时候，销售管理层需要比较每个区域的历史数据、竞争情况、不断变化的市场条件和销售人员能力的差异，设计销售配额调整系数，以便不同区域正确公平地分配销售配额。这时，区域销售配额等于以前的销售额加上区域特定的增长配额。图 10-6 为某企业设定区域配额的示例。四位销售人员各自负责一个独立区域的销售业务。企业根据每个区域的销售潜力设定各区域的销售配额。

5. 客户规划法

客户规划法基于现有客户的销售潜力。客户规划法类似区域规划法，销售管理层需要评估每个客户的销售机会，将每个客户的销售配额分配给负责该客户的销售人员。对于销售人员负责单个或少量大客户，数据可用且可靠的市场地区，该方法最有效。如果企业拥有大量客户，则很难进行客户规划。图 10-7 为某大客户经理负责一个大客户的例子。该大客户共采购企业的四个产品，企业分别为每个产品设定了销售配额。

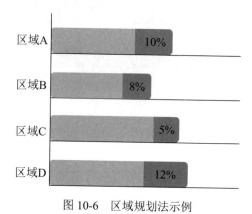

图 10-6 区域规划法示例

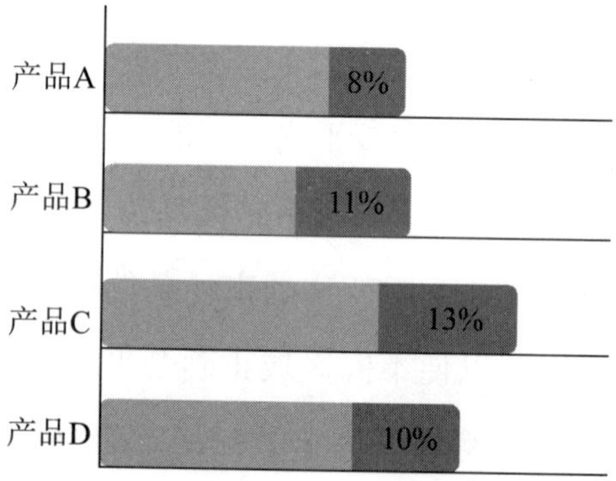

图 10-7 客户规划法示例

以上五种方法本质上都是自上而下的决策。管理层根据企业的预期增长设定销售配额，并在销售团队和销售人员之间分配销售配额。自上而下的方法缺少销售人员最直接的洞见和参与，可能会错失销售人员在其区域或客户中的潜在销售机会。此外，不管管理层设定的销售配额是高是低，单向决策都免不了引起销售人员的疑虑，而打消销售人员的顾虑是一个耗时耗力的过程。

6. 上下协调法

上下协调法克服自上而下方法的不足之处。在设定销售配额时，管理层让销售人员参与讨论，征求他们的见解和反馈，引导他们共同完成整个流程。今天的商业环境，市场的不确定性和波动性可能会使历史数据、预测和假设变得不可靠，给设定销售配额带来巨大的挑战。销售人员可以提供的最重要的价值是，他们对所负责客户的销售潜力的深入分析。销售人员的洞见帮助管理层深入了解不同的客户和区域，从而发现推动增长的机会，整合各种可能影响销售业绩的潜在因素。

上下协调法结合了自上而下和自下而上各自的优势，既考虑了市场潜力，也平衡了企业目标和销售人员的潜力与目标。上下协调法是最具战略意义的销售配额设定。一般来说，这种方法适合任何市场环境，特别是拥有良好市场数据和业绩记录的企业。上下协调法最耗时，但考虑到无须多花时间说服销售人员接受销售配额，这种方法可能是最有效的。

三、销售配额设定的安全空间

在逐级分配销售配额时，销售管理者可能为自己的销售配额设定"安全空间"，也就是上浮一定比例，然后再分配给下一层。这样做的目的是为实现"真正"的销售业绩增加一个保险系数。例如，管理层为销售团队设定了2000万元的销售目标。为了确保销售团队完成目标，销售总监将这个数字增加到2200万元后分配给各个区域销售经理。区域销售经理收到各自的销售配额后，继续增加安全空间，再分配给销售人员。很多企业使用安全空间，但使用安全空间需要十分谨慎。我们以四个层级为例，销售配额为 100%，每个层级上浮 10%，如图 10-8 所示，最终销售人员的销售配额增加了 46%。过高的无法实现的销售配额会造成销售人员士气低落，最终导致企业无法实现业绩目标。研究显示，当销售配额与最终销售结果越接近，销售人员越有动力，因为他们会认为业绩配额设定是公平的。我们建议，只在最高销售管理层使用安全空间，确保销售人员获得高质量的销售配额。

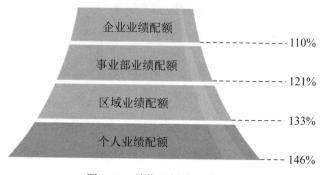

图 10-8　销售配额的逐级上浮

四、销售配额设定的调整

销售配额是为销售人员设定的销售目标。因此，需要一个时间维度，也就是销售人员完成业绩需要的时间。根据销售周期、业绩指标的性质和市场情况，销售配额的周期可以是月度、季度或年度。销售配额的成功，很大程度上有赖于用于销售预测的数据和信息的准确性。当企业进入波动性高、不可预测的市场时，设定年度销售配额如同随机猜测，非常困难。这时，企业可能需要半年、季度，或更短期的销售配额。

我们在绩效指标章节讨论了绩效周期。通常，销售配额的周期与绩效周期一致。如果企业采用季度绩效周期，那么考核销售人员时应使用季度销售配额；如果企业采用年度绩效周期，那么考核销售人员时应使用年度销售配额。

有时候，不可预见的事件会使原有的销售配额变得毫无意义，如新冠疫情对众多企业的影响，或是产品召回对汽车销售的影响。这时，企业需要及时重新设定销售配额。因此，企业需要制定定期评估，调整或重设销售配额的政策和流程，向销售人员明确在什么时间什么情况下可能修订销售配额，以及修订配额对销售薪酬激励计划的影响。例如，"截至 6 月 30 日，如果销售团队的平均销售配额完成率低于 50%，销售管理部门将中止当前计划并按比例支付激励薪酬，同时为今年剩余时间设置新的销售配额"。

五、销售配额设定的时间

许多其他职能部门需要预期的销售目标来制订本部门的工作计划，如市场推广、人员招聘、产品和技能培训等。因此，销售配额设置会影响整个组织。销售配额设置复杂，牵扯方方面面的利益。

实践中，许多销售组织有意无意地采取被动和拖延的方式，以期在最后一刻各方达成妥协。常听到销售人员抱怨："我们已经进入了新一年的第五周了，还没有收到销售配额！"等到销售配额公布时，绩效周期早已开始，销售业绩和激励薪酬都受到影响。销售配额设定应该是一个有条不紊的、结构化的过程，通常需要几周的慎重讨论和严格测试。我们建议，至少在新的一年开始前 60 天启动设定流程，避免设定仓促的、不完善的销售配额。新年伊始及时公布销售配额和薪酬激励计划，让销售团队第一时间进入"战斗"状态。

本 章 小 结

激烈的市场竞争，对销售人员的绩效提出了更高的要求。销售配额是销售薪酬激励计划的重要组成部分，定义了销售管理层对销售人员期望的绩效水平。如果设定得当，销售配额将激励销售人员最大限度地提高生产力和收入，同时给企业带来长期利益。设定销售配额没有正确或错误的方法。选用哪种方法取决于企业想要达成的结果，以及可以获得的市场信息和数据。销售薪酬设计人员需要考虑：

■ 销售配额是否以公平的方式设定并分配给销售人员？

■ 销售配额是否会给某些人带来"绩效惩罚"，或者让某些人不劳而获？

■ 我们是否通过清晰一致的方式和流程设定销售配额？

■ 销售配额是否考虑了区域和客户规模、潜力和增长的差异？

第一部分 销售薪酬设计实战 ⏳ 133

第十一章
怎样管理销售薪酬激励计划：支付周期、业绩分配与管理规则

我们在前面的章节已经讨论了销售薪酬激励设计的六个要素。至此，销售薪酬激励计划已具雏形。本章将讨论另外三个要素：支付周期、业绩分配和管理规则。这三个要素都属于销售薪酬激励的管理范畴。销售薪酬激励计划必须给销售人员带来即时和实质性的收益，以使他们始终保持较高的兴奋和激励水平。支付周期告诉销售人员何时可以获得激励薪酬。业绩分配规则决定多少销售业绩可以用于计算激励薪酬。管理规则保证销售薪酬激励计划的日常管理和有效运营。

一、支付周期：销售人员能及时拿到奖金吗

支付周期，指企业多久支付一次激励薪酬。设定支付周期的长短时，通常需要考虑以下三个因素。

（1）薪酬组合：基本薪酬较低、激励薪酬较高的销售薪酬激励计划需要更短的支付周期，帮助销售人员管理个人现金流。

（2）销售周期：销售周期较短，支付周期一般也较短。销售周期越长，销售活动越复杂，支付周期也越长。在一些快速消费品行业，以周或双周计算和支付奖金并不鲜见。而许多工业品行业多为复杂、高价值、多年合同的销售，销售周期较长，经常采用季度、半年度或年度支付周期。

（3）销售薪酬激励计划的复杂性：销售薪酬激励计划相对简单，支付

周期较短。对于复杂的计划，如使用多个团队和个人绩效指标，追踪和衡量过程复杂，支付周期往往较长。

　　常见的支付周期，包括月度、季度、半年度和年度（表11-1）。哈佛商学院的研究发现，低绩效的销售人员更偏好较短的支付周期，以保持动力，而顶尖销售人员倾向于年度支付周期。有学者用老师激励学生来做比方。成绩差的学生经常需要小测验巩固学习成果，而成绩优秀的学生只需要在期末考试发挥水平即可。总体而言，季度奖金更可能让销售人员保持积极性，尤其是那些销售业绩可能落后的销售人员。

表 11-1　不同薪酬组合与支付周期示例

薪酬组合	90/10	70/30	50/50	0/100
支付周期	半年、年度	季度、半年度、年度	每月、季度	每周、双周

　　支付周期可以与绩效周期一致，特别是较短的绩效周期。例如，一些快消品企业按月考核销售业绩，那么按月支付激励薪酬是合理的。从激励角度看，支付时间距离销售活动完成时间越近越好。也就是说，激励薪酬应该在支付周期结束后尽快支付。例如，年度绩效奖金应尽量在第二年的1月发放。一般来说，支付周期结束后15天内是一个合理的时间，不应该超过30天。超过30天，激励效果会显著降低，更可能引起销售人员的投诉、抱怨等反作用。不同支付周期与绩效周期示例如表11-2所示。

表 11-2　不同支付周期与绩效周期示例

目标薪酬	150 000	薪酬组合	50/50
基本薪酬	75 000	激励薪酬	75 000
绩效指标	年度合同价值（ACV）	多年合同价值	客户满意度指数
指标权重	60%	25%	15%
绩效周期	年度	年度	年度
支付周期	月度	月度	年度

当绩效周期与支付周期一致，每个绩效周期的业绩相互独立，没有任何关联，且不需要考虑全年业绩完成情况时，奖金支付可以采用独立计算的方法。企业按每个绩效周期的实际业绩支付应得奖金。表 11-3 所示为按季度独立计算销售奖金示例。

表 11-3 独立奖金计算——以季度为例

销售业绩	实得奖金	销售业绩	实得奖金
第一季度实际业绩	第一季度实际奖金	第三季度实际业绩	第三季度实际奖金
第二季度实际业绩	第二季度实际奖金	第四季度实际业绩	第四季度实际奖金

很多时候，绩效周期大于支付周期。例如，很多企业使用年度绩效周期，所有绩效指标和销售配额按年度设定，但企业按照月度或季度支付法激励薪酬以保证销售人员的现金流。这时候，需要使用累计计算法计算激励薪酬。企业需要将年度销售配额分解到每月或每季度。企业按每月或每季度支付激励薪酬。但每期的激励薪酬设有上限，企业会保留超过上限部分的激励，直到年底全年业绩结果公布时再支付。表 11-4 所示为按季度累计计算销售奖金示例。

表 11-4 累计奖金计算——以季度为例

销售业绩	应得奖金	实得奖金
第一季度实际业绩	第一季度实际奖金（Q1）	Q1
第二季度实际业绩	第二季度实际奖金（Q2）	Q1+Q2-Q1
第三季度实际业绩	第三季度实际奖金（Q3）	（Q1+Q2+Q3）-（Q1+Q2）
第四季度实际业绩	第四季度实际奖金（Q4）	（Q1+Q2+Q3+Q4）-（Q1+Q2+Q3）

注：前三季度的实得奖金不含超额部分，超额部分将在第 4 季度末根据全年业绩结果发放。

如果企业所在的市场有明显的季节性，如航空公司的航线，那么销售业绩可能会受到季节性交易量大幅波动的影响。分解年度销售配额不能平均分配，需要考虑淡季和旺季，避免销量的波动对销售人员的收入产生重大影响。

哈佛大学的研究显示，累计计算的方法可以更好地激励销售人员，提升销售业绩。销售过程中经常会出现曲棍球棒效应（Hockey-stick Effect），即在某一个固定的周期，如季度或年，前期销量很低，到期末销量会有一个突发性增长（图 11-1）。销售组织和财务部门希望减少曲棍球效应，以减少对销售目标和企业现金流的负面影响。然而，销售活动往往很大程度上受买方或其他外部不可控因素的影响，曲棍球棒效应很难完全避免。

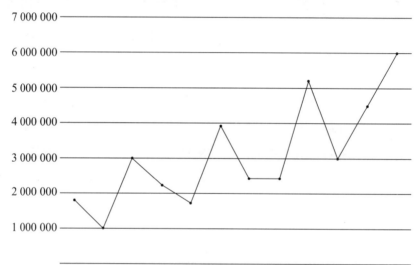

图 11-1　曲棍球棒效应示例

与长支付周期相比，短支付周期可以减少销售业绩和奖金支付的波动。累计计算方法与短支付周期结合的混合模式，可以起到更大的激励作用。以较短的周期支付部分奖金，在年底支付超额部分的奖金，既可以保证销售人员的收入，又可以让销售人员在企业停留更长的时间。与独立计算方法相比，销售人员不会因为某个周期销售业绩不佳而影响全年的收入。企业也可以避免一些不可预测的不良行为，如某个周期"突如其来"的销售业绩和奖金支付及随后离职。

除了确定支付周期和绩效周期外，还需要确定在一个支付时期内可以获得多少激励薪酬。通常有三种方法分配激励薪酬：第一种方法，根据每个支付周期的实际销售配额分配激励薪酬；第二种方法，在各支付周期平均分配激励薪酬；第三种方法，保留一定比例的激励薪酬在年终根据全年业绩计算发放，剩余部分在各支付周期平均分配，第三种方法实际是一种累计计算方法。表 11-5 所示为三种分配方法示例。

表 11-5　激励薪酬分配——以季度为例

激励薪酬	第一季度	第二季度	第三季度	第四季度	年　　度
实际配额分配	15%	20%	35%	30%	—
平均分配	25%	25%	25%	25%	—
延迟分配	20%	20%	20%	20%	20%

二、业绩分配：销售业绩怎么计算与分配

许多人认为，销售业绩是简单直接的事情：销售人员进行了销售，就会得到奖励。在只有一个销售人员参与完成销售的模式中，这一点毋庸置疑。然而，在许多情况下，不止一名销售员工参与销售过程，怎么确定销售业绩的归属并不容易。是归于最后成交的那个人，还是在那笔交易过程中一起工作的所有团队成员呢？决定如何分配销售业绩，是设计销售薪酬激励计划时需要做出的决定之一。

商业环境日益复杂多变，销售组织和销售过程也变得越来越复杂。很多时候，完成销售涉及多个部门的多个团队成员，对战略性客户、全国性或全球性客户销售时尤其如此。例如，某工业安全解决方案企业向客户提供复杂的成套解决方案，参与销售过程的包括区域销售团队，提供技术知识和专业技能的方案销售专家和售前支持人员。在向大客户销售时，战略

客户经理和大项目执行经理也会参与其中。此外，还有大量其他部门员工参与支持，如制造、研发、质量等。

销售管理团队需要确定销售业绩的分配规则，并将规则清晰地传达给所有相关人员。这对销售管理中避免和解决团队之间、区域之间和渠道之间的潜在矛盾尤为重要。确定销售业绩的规则时，不同行业和不同企业需要考虑的因素不尽相同。其中，最重要的一点是，所有参与销售过程的团队成员都需要得到认可，保持他们的积极性。如果这些团队成员在激励问题上被忽视，他们就不会有持续的动力来推动未来的销售。

只有真正影响销售结果的人员能参与业绩分配，最佳判断标准是是否直接影响客户购买。对于提供支持的销售人员或其他人员，可以通过财务或非财务的认可等方式予以奖励。

一家纺织设备制造企业，完成了一个数百万元的销售项目。参与项目的包括一位负责大客户关系的战略客户经理、区域销售人员和一位产品技术专家。战略客户经理发现了销售机会，并负责客户关系。区域销售团队负责商务谈判和投标，技术专家提供支持，为客户提供解决方案。此外，市场团队和售后团队也给予了支持。战略客户经理发现了机会，影响了客户，并参与制定了达成交易的条款。区域销售团队投入了最多的一对一客户时间和工作，收集信息并构建销售方案，创造了大约 60% 的销售机会。没有技术专家的解决方案和演示，销售任务不可能建立起来。战略客户经理和区域销售人员各获得了 45% 的销售业绩，技术专家获得了 10% 的销售业绩。参与该项目的其他支持人员，分享了当年的年度最佳项目奖。

什么时候开始计算业绩呢？这里有很多因素需要考虑。最普遍的方法是将订单作为计算业绩的时间点，也就是销售人员签订销售合同后立即开始计算和支付激励薪酬。这种方法的前提是，客户取消订单的概率不大。如果客户取消订单是一个困扰的问题，企业可以用发货或客户付款，作为计算业绩的时间点。有的企业采用安装或客户收货作为计算业绩的时间点，以驱动销售人员更多地参与或支持设备的安装调试，提升客户体验。如果企业希望销售人员能够对客户回款发挥积极作用，可以使用客户付款作为计算业绩的时间点。

当然，企业也可以使用混合的方法，如部分业绩在签单时计算，部分业绩在客户回款后计算，以实现不同的目的。需要注意的是，不同业绩计算时间会影响激励薪酬支付的时间和激励效果。将签单作为计算业绩的时间点，销售人员获得激励薪酬的时间最短，激励效果最佳；以客户付款作为计算业绩的时间点，销售人员获得激励薪酬的时间最长，激励效果最弱。

此外，在大型或长期销售项目里，企业经常会根据项目完成进度或百分比计算业绩。这种方法可以让销售人员及时获得激励薪酬，而不必等这份漫长的合同结束。对企业来说，这种方法可以使财务报表更加平稳和可预测，避免出现大幅波动。采用这种方法时需要一份非常详细的销售合同或框架协议，描述每个里程碑、可交付成果或其他进度指标，以便明确确认业绩的时间。

三、管理规则：销售人员能获得最佳体验吗

销售薪酬激励计划的管理规则也就是销售人员通常所说的销售奖金政策。所有销售薪酬激励计划都需要一份正式的书面文件，帮助销售人员理解计划，规范计划的日常运营，避免潜在的法律纠纷。文件内容一般包括计划的目的、激励薪酬方式和管理规则等。许多企业会要求销售人员签署年度销售薪酬激励薪酬计划，承诺他们已经阅读、理解并同意参与计划的实施。

销售薪酬激励计划管理文件部分内容如下。

- **参与资格**：哪些人员参与销售薪酬激励计划？所有销售人员？所有销售支持人员？
- **业绩指标**：业绩指标怎么分配？团队指标占多少？个人指标占多少？
- **区域划分**：销售区域怎么分配？跨区域的客户，经销商怎么管理？
- **业绩分配**：销售业绩何时开始计算？团队之间、区域之间如何分配业绩？
- **奖金计算**：谁负责计算激励薪酬？谁负责解释具体数字？
- **支付频率**：是每月支付激励薪酬还是每季度支付激励薪酬？
- **支付时间**：支付激励薪酬的具体时间。
- **数据审核**：与业绩指标完成情况相关的数据收集、整理和报告。
- **职责与权限**：激励薪酬审批的流程和权限。
- **日常沟通**：相关数据的定期公布和沟通。
- **争议解决方法**：销售人员对激励薪酬有异议时如何处理？
- **职位和区域变更**：销售人员职位或负责区域变动时，他的销售薪酬激励计划是否需要变更、怎么变更？
- 发生不可预见的情况时的应对措施。

　　许多企业针对列表里的项目制定和公布单独的政策，以避免销售人员签署的销售薪酬激励计划过于复杂或冗长。

　　除了制定正式政策或管理文件，销售薪酬激励计划的日常运营也是需要考虑的问题。高效的日常运营将计划落实为销售人员的最佳体验。在许多企业，销售薪酬激励计划的日常运营由销售运营团队负责，包括销售业绩数据跟踪、记录和管理、激励薪酬计算、销售薪酬数据分析等。有的企业，由销售团队的专职人员负责销售薪酬激励计划的日常运营，由人力资源部或财务部负责激励薪酬的计算。数据显示，目前大部分企业使用Excel 表格管理销售激励薪酬；部分企业使用专业销售薪酬软件或在线平台管理销售激励薪酬。无论哪个部门负责，无论使用什么工具，及时、准确和透明都是销售薪酬激励日常管理的基本要求。销售管理人员可以通过以下问题清单，评估销售薪酬激励日常运营的效率，以及使用销售薪酬软件或在线平台解决方案的必要性和可行性。

（1）目前用于实施销售薪酬激励计划的工具有哪些？

（2）销售薪酬激励计划的数据如何管理？

（3）目前的销售薪酬激励计划运营存在什么问题？我们在哪里缺乏透明度？

（4）我们需要哪些信息来改进销售预测流程和销售管理？销售薪酬激励计划是否在该领域提供了必要的数据分析？

（5）计算激励薪酬需要多少时间？我们怎么保证计算的及时和准确？

（6）我们是否需要使用销售薪酬管理平台/App？

（7）销售薪酬管理平台/App 如何与我们现有的 HR 系统集成？

（8）实施销售薪酬管理平台/App 需要多少时间和哪些资源？

本 章 小 结

企业需要密切关注支付周期，确保支付周期与销售周期一致。同时，企业需要设定业绩分配规则，应对复杂销售过程中的利益分配。在其他条件相同的情况下，激励薪酬支付越及时，对销售人员的激励效果越好。计算激励薪酬时，累计计算方法对确保激励薪酬的支付，对企业的现金流和销售人员更有利。销售激励薪酬设计人员需要考虑以下问题：

■ 我们应该多久支付一次激励薪酬，月度、季度还是年度？

■ 如果销售人员在前几个月表现不佳，是否有在年底后来居上的机会？

■ 我们是否合理分配业绩，确保所有参与销售过程的员工都被有效激励？

■ 我们是否制定了完善的管理规则，保证激励薪酬及时准确发放？

第十二章
特殊激励：SPIFF 与其他激励

除了销售薪酬激励计划之外，SPIFF、认可、职业发展通道、学习与发展也是不可或缺的销售人员激励方法，如图 12-1 所示。

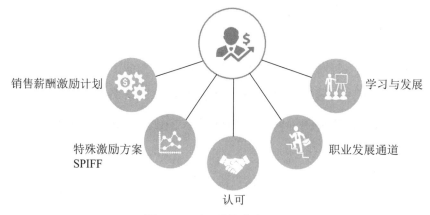

图 12-1　不同销售激励方法

销售薪酬激励计划和 SPIFF 多为财务上的有形激励。认可、职业发展通道和学习与发展则是非财务的无形激励。有形激励为外在激励，由外在回报驱动行为和结果。每个员工都希望获得更多的金钱。销售薪酬激励计划和 SPIFF 的根本目的是将薪酬与销售业绩挂钩。无形激励是内在激励，由内在动机驱动行为和结果。正如我们常说的，金钱并不是万能的。无形激励以金钱无法实现的方式激励和吸引员工，驱动员工敬业和忠诚。

一、SPIFF 设计的原则和方法

SPIFF 有时也称为销售竞赛，是一种短期销售激励项目，旨在激励特定产品或服务的销售。它与销售薪酬激励计划的不同之处在于，后者通常是以年度为时间单位的长期激励方案。SPIFF 是一种较低的投资，更关注短期结果，通常以月度或季度为周期。与销售薪酬激励计划不同，SPIFF 通常不会在年初提前制定。企业在年中的某一时间，根据业务进展情况和面对的问题提出 SPIFF 方案，激励销售团队再次兴奋起来，使其在短期内提高绩效。

SPIFF 提供了销售人员实现更好的业绩所需的额外动力。一方面，优秀销售人员已经在销售薪酬激励计划中得到丰厚的回报。激励研究基金会指出，收入越高，人们对非现金奖励的偏好就越大。对优秀销售人员而言，激励薪酬经常会达到回报递减点。到达递减点后，更多的金钱不会真正激励他们实现更高的目标。优秀销售人员开始更倾向于获得体验性激励，包括他们通常不会为自己安排的旅行和购买商品。

另一方面，对普通销售人员而言，SPIFF 聚焦短期销售或短期目标，而不是整个客户群或销售周期。因此，SPIFF 更具包容性，创造机会激励全部团队成员，而不仅仅是排名前 10% 的团队成员。研究表明，与赢家通吃的激励方式相比，产生多个赢家的激励方式可以更有效地提高销售业绩。销售管理层可以通过 SPIFF 给普通销售人员提供更多的获奖机会。他们可能在常规销售中表现不佳，但有机会在实现短期目标方面获得佳绩。这么做反过来也会激励绩效优异的销售人员更加努力地工作。

SPIFF 通常用于以下情况：完成落后销售指标，通过追加销售和交叉销售实现增长，击败特定竞争对手，赢回丢失的客户或份额，特定产品销售，新产品上市，保持价格，提升产品知识，开发新的潜在客户，开发新的区域／行业。

SPIFF 对销售组织来说具有重要意义。《哈佛商业评论》2017 年刊登的一项关于奖金和员工激励的研究指出，使用 SPIFF 可以使销售业绩增加约 24%。SPIFF 可以帮助企业应对不断变化的市场环境和业务情况，从而避免年中变更年度销售薪酬激励计划可能造成的风险。除了增加销售业绩，SPIFF 也可以用于实现其他与销售相关的目标。例如，某企业为了激励销售人员建立持久的客户关系，改进客户体验，设置了季度 SPIFF，奖励最具创意的客户异议处理。

SPIFF 设计的关键是要制定明确的、可实现的目标，以及实现这些目标的时间框架。以下为两个 SPIFF 示例。

A 企业长期根植于华东和华南地区，已成为当地的行业龙头。2020 年年中，A 企业制订了进一步拓展全国市场的五年业务战略规划。2021 年第二季度末首先在北京等华北地区与当地经销商合作，推动产品上市。为了尽快开拓新市场，企业制定了表 12-1 的 SPIFF 项目。

表 12-1　销售奖励方案——区域

项目	具体内容
奖励周期	第三季度
适用人员	全体销售人员（不含销售管理层）
奖励条件	率先签约 10 名经销商
奖励方式	笔记本电脑一台
奖励名额	5 名
奖励时间	10 月中旬

B 企业已建立了一定的市场口碑，拥有一批忠实的客户。B 企业不断拓展产品线，而现有客户通常是复购，较少购买新产品。B 企业希望通过向上销售和交叉销售，进一步深耕现有客户群，促进全线产品的销售。为此，B 企业制定了表 12-2 的 SPIFF 项目。

表 12-2 销售奖励方案——特定产品销售

项目	具体内容
奖励周期	3 月 1 日—5 月 31 日
适用人员	一线和内部销售人员，不含销售经理
奖励产品	另见奖励产品清单
奖励条件	现有客户在本方案开始前 12 个月未购买过奖励产品
奖励方式	奖励产品订单金额的 5%

SPIFF 的奖励可以是现金奖励，而很多企业采用非现金奖励方式。销售管理层和销售薪酬设计人员需要经常与销售人员交流，了解什么更能激励他们。同时，还需要了解竞争对手是如何激励他们的销售人员的。

部分奖励方式如下。

- 礼品卡
- 礼物选择
- 高级餐厅
- 带薪休假
- 专属停车位
- 娱乐消费券
- 与 CEO 共进午餐
- 代理团队主管
- 健身俱乐部会员
- 学习与培训
- 总裁俱乐部
- 命名会议室
- 荣誉证书
- 新办公室或升级的工作空间
- 名人堂 / 荣誉墙
- 健康 SPA
- 高尔夫俱乐部
- 邮轮旅行
- 健康餐
- 时尚电子设备
- 家庭旅行
- 书籍 / 读书会
- 主题公园 / 水族馆等门票
- 担任教练 / 导师
- ……

在五花八门的奖励方式里，怎样选择适合的奖励方式呢？芝加哥大学奚恺元教授提出的三个原则可以作为参考。

第一，大中之小不如小中之大。是选择一条价值 2000 元的羊绒围巾还是一件价值 2500 元的羊绒大衣作为奖励呢？前者显然更合适。通常来说，在价值较小的奖品类别里选择一个最好的当作奖励，显得大方而有礼。这种方法既能激励员工，又可以控制成本。

第二，有用的不如无用的。吃得掉、用得掉、送得掉、扔得掉的东西很快就会被人遗忘。企业如果希望奖励保持希望持久的激励效果，奖励应该包括可以长期保存的东西。这也是奖状、奖杯或奖牌始终是主要的激励方法的原因。在移动互联网时代，专属的视频、图片、H5 页面也成为重要的激励工具。

第三，说要的不如想要的。如果询问员工，他们往往会选择现金。员工会说："给我现金，我可以想怎么花就怎么花。"然而，从心理学角度看，员工收到 2000 元高级餐厅餐券的兴奋程度，大于收到 2000 元现金。奖励的目的不是给员工的实际效用，而是对员工的持久激励。应该把员工不会主动购买但可以带给员工新奇、美好体验和持久记忆的东西作为奖励。例如，某企业将 SPIFF 激励方法从发放现金改为为期一周的埃及金字塔之旅。这个做法不但在销售人员和企业内部引起强烈的反响，也在渠道合作伙伴和行业内取得了极佳的宣传效果。

设计 SPIFF 时，应确保它们与现有的销售薪酬激励计划保持一致，以免对销售人员造成困扰，分散他们对战略重点的注意力。SPIFF 不是为了增加销售业绩而对销售激励薪酬计划的简单叠加，而是针对销售激励薪酬计划未涉及的目标或设计不足做出的补充或修正。虽然 SPIFF 有利于销售业绩增长，但应该适度使用。过多的 SPIFF 会增加管理销售薪酬激励计划的复杂性和成本。一般来说，SPIFF 每年的使用次数不建议超过两次，SPIFF 的奖励金额不应超过总销售激励金额的 10%。此外，SPIFF 的使用应该具有不可预测性。在每年同一时间使用相同的 SPIFF，会让销售人员将 SPIFF 当作年度销售薪酬激励计划的一部分，致使 SPIFF 失去应有的效力。

二、其他激励方法

作为非财务的无形激励、认可、职业发展通道和学习与发展投入的成本较低，但却有巨大的影响力。激励研究基金会（Incentive Research Foundation）的研究表明，无形激励与员工保留、满意度和绩效的关联性比现金激励高出 50% ～ 150%。无形激励措施对那些对自己的薪酬感到满意，或长期担任某个职位的员工尤其有效。同时，劳动力结构的改变也在改变人们对薪酬的认知。90 后和 00 后新生代作为职场生力军，以目标为导向，渴望挑战和有意义的工作。工作上，新生代既重视个人发展又关注团队合作，希望获得即时反馈与认可。薪酬方面，他们重视全面薪酬非现金部分，希望得到更多的短期和个性化激励。

认可：可以包括物质认可，如旅行、礼物等，以及非物质认可，如销售名人堂、荣誉证书等。引言的全面薪酬部分列出了部分认可方法。企业可以根据行业和自身的特点，以及销售人员的激励因素，设计独特和创新的认可方法。

学习与发展：企业可以通过建立本企业的销售人员胜任能力模型，评估销售人员的能力，并制订相应的学习与发展方案，帮助销售人员提升自身的能力和价值。图 12-2 为销售人员胜任能力模型示例。

职业发展通道：职业发展通道是激励销售人员的一个重要工具。职业晋升通过提供另一种回报方式，来满足销售人员自我发展需求和成就感。对于新生代而言，晋升机会尤为重要。许多新生代不愿意像职场前辈那样，等待若干年后才获得升职。作为回应，企业需要规划销售人员的职业发展路径，设置更多纵向级别或横向发展机会，帮助销售人员不断地肯定自己的进步。

总之，企业需要经常性评估员工的激励因素。如果员工出于内在的激励，很积极地投入工作，企业最好不要采用外在激励的手段去奖励他们。正如奚恺元教授指出的，一旦有外在激励加入，人们的内在动力容易被扼杀，会觉得工作只是一个经济行为。尤其是奖励比较小的时候，员工会觉得不值得为这点小钱去努力，于是连本来不拿钱也愿意做的事情都不想做了。

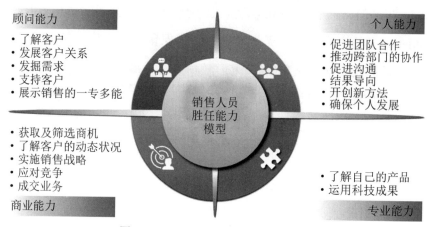

图 12-2　销售人员胜任能力模型示例

本 章 小 结

SPIFF 是在短时间内推动销售业绩的有效激励工具。认可、职业发展通道、学习与发展作为非财务的无形激励，对销售人员的自我发展和价值实现意义重大。它们与年度销售薪酬激励计划一起构成完整的销售激励体系。设计激励和认可方案时，销售薪酬设计人员需要考虑：

- 我们是否了解销售人员的动机和激励因素？
- 我们是否清楚过度依赖年度销售薪酬激励计划，而忽视了其他激励方法？
- 我们的薪酬激励是否满足了销售人员个性化和不断变化的需求？
- 我们是否过多使用 SPIFF，以致分散了销售人员对其计划主要目标的注意力？

第十三章
什么计划适合我们：不同结构计划的选择

通过不同要素的组合，销售薪酬设计人员可以设计不同结构的销售薪酬激励计划。然而，即使对最有经验的设计人员来说，也很难构建一个完美的结构来满足销售团队和业务的所有需要。本章的第一部分讨论十种常见结构和它们的优缺点及适用环境，第二部分则是一个完整的销售薪酬激励计划案例。

一、不同结构计划的选择

不同结构的销售薪酬激励计划各有其优缺点，适用企业不同的业务战略和需求，向销售人员传达不同的信息。正确的结构可以成功地激励销售人员，为他们提供实现结果所需的动力。错误的结构可能会让销售团队力不从心，使企业的盈利能力面临风险。如何确定不同结构取决于企业自身独特的因素，包括企业规模、发展阶段、企业文化、产品和服务，以及销售团队的构成和成熟度等。我们讨论以下十种不同销售薪酬激励计划结构，除固定工资结构和无底薪结构外，其他结构均包含基本薪酬和激励薪酬。

1. 固定工资结构

固定工资结构不是大部分企业的选项，但对某些企业仍具有意义。企业向销售人员支付固定工资，不提供奖金、佣金或其他销售激励。固定工资适用于初创企业起步阶段、新销售人员，以及将相当一部分时间花在销售以外职责上（如客户服务）的销售人员。固定工资的优点是简单明了、便于管理。企业可以控制成本，销售人员也有稳定收入。固定工资的缺点也显而易见：无论销售业绩的好坏，销售人员收入是固定的，因此无法激励销售人员实现更好的业绩或超越自己。使用固定工资的关键点是，固定工资应该具有一定的竞争力，避免销售人员的高流动率。

2. 无底薪结构

无底薪结构中，销售人员没有固定薪资，收入完全来自完成销售业绩后获得的佣金或固定奖金。无底薪结构常见于采用佣金模式的中介行业，保险代理和兼职销售，在 B2B 行业较少使用。无底薪结构由员工承担全部收入风险，易于企业管理和控制成本。无底薪结构可以吸引表现优异、工作努力、希望不断提升收入的销售人员。这些销售专才精通销售技能，也知道自己可以获得不错的收入。然而，总体而言，由于没有收入保障，大多数销售人员不喜欢无底薪结构。这类结构往往很难吸引销售人才，导致高离职率，销售人员也因业绩压力而精疲力竭。采用无底薪结构时，销售人员更有可能采取忽视企业的长期利益方法来完成销售任务，以确保收入。

3. 直线结构

在直线结构里，奖金或佣金的比例是固定的。例如，每完成一笔交易可获得 10% 的佣金，或者每完成 1% 的销售可以获得 2% 的奖金。直线结构简单易行，促使销售人员专注销售更多产品，给企业带来更多的销售业绩。然而，"销售导向"往往使销售人员试图在不考虑企业或客户利益的情况下销售更多的产品，销售管理层很难监督和指导销售人员的活动。同时，无论销售人员完成 30% 还是 300% 的销售业绩，他们的奖金或佣金的比例是相同的。这意味着企业的销售成本可能会很高昂，也不利于激励优秀的销售人员或淘汰表现不佳的销售人员。图 13-1、表 13-1 所示为直线结构示例。

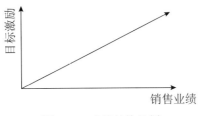

图 13-1　直线结构计划

表 13-1　直线结构计划示例

绩效指标	产品 A 销售额	产品 B 销售额
权　　重	80%	20%
激 励 机 制	1% 销售额 =4% 奖金	1% 销售额 =2% 奖金

4. 不同的多级结构

多级结构：这是一种复杂而强大的销售薪酬激励计划结构，在 B2B 企业中广为使用。在多级结构中，激励薪酬根据不同绩效水平而变化。通常，激励薪酬比例会随着特定目标的实现而增加，激励销售人员继续超越期望，实现更高的销售额，获得更高的报酬。多级结构的缺点是设计复杂，需要大量的协调和计算，因此管理成本高于其他计划。随着加速器、减速器、上限等工具的不同组合，多级结构可以演化出不同的形式。

多级加速结构：这类结构使用多个加速器，以期最大限度激励销售人员实现更高的业绩。当没有过多的层级，并且每一层级的加速器都大到足以激励销售人员为达到下一个级别而努力时，多级加速结构是最有效的。当这种结构发挥作用时，与之相伴的风险是企业可能由于无法预测的大额销售而产生的现金流风险。图 13-2、表 13-2 所示为多级加速结构示例。

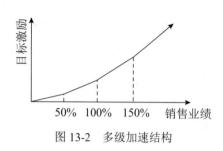

图 13-2   多级加速结构

表 13-2   多级加速结构示例

绩 效 指 标	负责区域销售额		毛利率	
权 重	80%		20%	
激 励 机 制	绩效区间	目标奖金	绩效区间	目标奖金
	0 ～ 50%	0.5%	0 ～ 50%	1%
	51% ～ 100%	1.5%	51% ～ 100%	1%
	101% ～ 120%	2%	101% ～ 150%	1%
	>120%	3%	>150%	2%

注：目标奖金指每完成 1% 的销售额可以获得 x% 的目标奖金。

多级减速结构：这种结构在使用多个加速器后设置减速器。企业采用这种结构的目的是在最大限度激励销售人员实现更高业绩的同时，降低可能的财务风险。多级减速结构的激励效果，随着减速器的启动而降低，如图 13-3、表 13-3 所示。企业在以下情况下可能使用这种结构：额外销售无利可图，无法承担每次销售都要支付更高的激励薪酬，防止意外之财带来的财务风险。

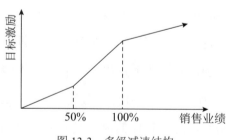

图 13-3   多级减速结构

表 13-3　多级减速结构示例

绩效指标	负责区域销售额		新产品销售额	
权　重	80%		20%	
激励机制	绩效区间	目标奖金	绩效区间	目标奖金
	0 ～ 50%	0.5%	0 ～ 50%	1%
	51% ～ 100%	1.5%	51% ～ 100%	1%
	101% ～ 120%	2%	101% ～ 150%	3%
	>120%	1.5%	>150%	1.5%

　　多级封顶结构：这类结构为销售人员的收入设置上限。企业希望通过多级封顶结构更好地控制潜在的财务风险。上限最大的问题是降低士气，破坏信任，尤其是对于表现出色的销售人员，如图 13-4、表 13-4 所示。

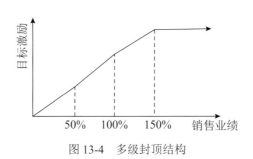

图 13-4　多级封顶结构

表 13-4　多级封顶结构示例

绩效指标	核心产品销售额		边缘产品销售额	
权　重	80%		20%	
激励机制	绩效区间	目标奖金	绩效区间	目标奖金
	0 ～ 50%	0.5%	0 ～ 50%	1%
	51% ～ 100%	1.5%	50% ～ 100%	1%
	101% ～ 120%	2%	101% ～ 150%	3%
	>120%	—	>150%	—

　　多级硬起付点结构：这类结构中，销售人员需要达到设定的最低

绩效标准（如50%销售配额），企业才从零开始计算激励薪酬。设置硬起付点可以更好地保证企业实现期望的最低绩效目标，同时鞭策或淘汰绩效不佳的销售人员。图 13-5、表 13-5 所示为多级硬起付点结构示例。

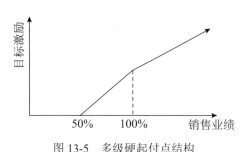

图 13-5　多级硬起付点结构

表 13-5　多级硬起付点结构示例

绩 效 指 标	年度经常性收入		服务收入	
权　　重	80%		20%	
激 励 机 制	绩效区间	目标奖金	绩效区间	目标奖金
	0 ～ 50%	0	0 ～ 50%	0
	51% ～ 100%	2%	51% ～ 100%	2%
	101% ～ 120%	2%	101% ～ 150%	3%
	>120%	3%	>150%	2%

多级软起付点结构：这类结构中，销售人员达到设定的最低绩效标准后，可以获得对应的激励薪酬。例如，达到50%起付点可以获得40%的激励薪酬。与多级硬起付点结构相比，多级软起付点结构较为温和，兼顾销售人员的利益，因此被更多企业使用。图 13-6、表 13-6 所示为多级软起付点结构示例。

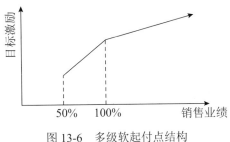

图 13-6　多级软起付点结构

表 13-6　多级软起付点结构示例

绩 效 指 标	年度合同价值		多年度合同价值	
权　　重	80%		20%	
激 励 机 制	绩效区间	目标奖金（50% 目标奖金起付）	绩效区间	目标奖金（50% 目标奖金起付）
	0 ～ 50%	0	0 ～ 50%	0
	51% ～ 100%	1%	51% ～ 100%	1%
	101% ～ 120%	2%	101% ～ 150%	1.5%
	>120%	3%	>150%	2%

5. 阶梯结构

阶梯结构是一种针对奖金设计的多级结构。采用梯级奖金结构，各梯级之间没有过渡。当销售业绩每达到一个新的梯级水平，就会支付一个新的固定金额奖金。由于每个梯级的奖金金额是固定的，企业可以较好地控制销售薪酬成本。阶梯结构存在一个明显缺陷。相邻阶梯的奖金是跳跃式增长，没有过渡。因此，可能出现销售业绩和奖金被刻意操控的情况。例如，销售人员达到下个阶梯的最低绩效要求后停止销售，但仍然可以获得新阶梯的全部奖金，如图 13-7、表 13-7 所示。

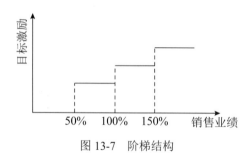

图 13-7　阶梯结构

表 13-7　阶梯结构示例

绩效指标	负责区域销售额		平均折扣率	
权　　重	80%		20%	
激励机制	绩效区间	目标奖金	绩效区间	目标奖金
	0～60%	0	0～50%	0
	61%～80%	2000	51%～80%	500
	81%～99%	3000	81%～99%	1000
	100%～110%	4000	100%～110%	1500
	>110%	0	>110%	0

6. 矩阵结构

矩阵结构可能是所有结构中最严谨的一种。矩阵将两个绩效指标联系起来，如销售额、毛利率。因为两个绩效指标的激励薪酬支付是相互关联的，销售人员必须同时实现两个绩效指标以获得最大收益。矩阵结构易于理解、沟通和管理。两个绩效指标之间的权重、加速器、减速器或上限等，也比较容易调整。矩阵结构具有良好的可视化效果，销售人员可以按图索骥，清楚了解绩效与收入之间的关系。矩阵结构最大的问题是缺少弹性。由于只允许两个相互关联且需要同时考虑的变量，矩阵结构不适用于驱动两个以上目标，或者实现包含诸多不同因素的复杂战略意图。从图 13-8、表 13-8 的示例可以看出，矩阵结构需要定义两个绩效指标的绩效范围，每个绩效范围内激励薪酬是固定的。实际设计中容易设定过多绩效范围而导致方案过于庞杂。

图 13-8　矩阵结构

表 13-8　矩阵结构示例

		每月目标销售奖金										
销售额	>130%	75%	83%	92%	100%	108%	117%	133%	150%	167%	183%	200%
	121%～130%	71%	79%	88%	96%	104%	113%	125%	138%	151%	164%	177%
	111%～120%	67%	75%	83%	92%	100%	108%	117%	126%	135%	144%	153%
	101%～110%	63%	71%	79%	88%	96%	104%	109%	115%	120%	125%	130%
	100%	58%	67%	75%	83%	92%	100%	101%	103%	104%	105%	107%
	91%～99%	56%	63%	69%	76%	82%	88%	90%	91%	92%	94%	95%
	81%～90%	54%	59%	63%	68%	72%	77%	78%	79%	81%	82%	83%
	71%～80%	52%	55%	57%	60%	62%	65%	66%	68%	69%	70%	72%
	61%～70%	50%	51%	52%	53%	54%	55%	56%	57%	58%	59%	60%
		51%～60%	61%～70%	71%～80%	81%～90%	91%～99%	100%	101%～105%	106%～110%	111%～115%	116%～120%	>120%
	利润率											

二、销售薪酬激励计划完整示例

让我们来看一下某工业流量测试设备企业销售薪酬激励计划的示例。

表 13-9 为该企业 ×× 年度销售薪酬激励计划的政策文件。表 13-10 为该企业某高级客户经理 ×× 年度个人销售薪酬激励计划。该企业的销售薪酬激励计划包含软起付点、多级加速和总目标奖金上限，具有以下特点。

（1）绩效指标包括一个个人业绩指标和两个团队业绩指标。个人业绩指标为销售人员个人负责区域销售额。团队业绩指标分别是所属团队负责区域的销售额和企业层面的客户满意指数。团队指标凸显企业高度重视销售团队之间和销售团队与支持部门之间的合作。

（2）企业重视长期的客户关系，正在规划导入"一切皆是服务"的EaaS（Everything as a Service）经营理念。企业设计了客户满意指数作为评估客户关系和客户体验的指标和工具。客户满意指数由市场团队每年通过客户调研获得。企业将客户满意指数作为每个销售人员的绩效指标，鼓励以客户体验为导向的销售。

（3）计划中包含一个增长系数。事实上，对于优秀员工而言，在现有优异业绩的基础上实现大幅增长似乎并不现实。增长系数的作用更多在于激励"万能的中间派"实现业绩增长。

（4）单项绩效指标的激励薪酬未设上限，但对总目标奖金设置了上限。这种方式，一方面企业可以控制成本，另一方面每个指标的业绩奖金可以互为补充，对优秀的销售人员来说不会影响收入，对大部分员工来说则可以通过推动团队指标的实现获得更多的收益。

表 13-9 销售薪酬激励计划文件示例

×× 年度销售薪酬激励方案
1. 目的 　　本方案的目的是明确公司对销售人员工作业绩和工作质量目标的要求，为销售人员的日常工作确定主要考核目标和行动方向；同时明确销售人员的绩效考核细则，绩效收入的评估和计算方法，激励并引导销售人员在公司快速发展过程中与公司总的目标保持一致，实现共同发展。 2. 适用范围 2.1　本方案适用于 20×× 年 1 月 1 日至 12 月 31 日开票的销售业绩。

续表

2.2　本方案的年度考核部分奖金只适用于 20×× 年 12 月 31 日在册的销售人员。

2.3　本方案季度考核部分奖金只适用于 20×× 年每季度最后一天在册的销售人员。

2.4　本方案适用期内公司可按照岗位工作要求、岗位职责、业绩表现对业绩目标设定做相应的调整，包括向上或向下调整。

3. 销售人员年总目标收入

3.1　年总目标总收入是指 100% 完成所有销售目标情况下的收入总和，即：

总目标总收入 = 基本工资 + 目标奖金 + 超额奖金

3.2　基本工资与目标奖金的比例根据不同的岗位和级别设定。

3.3　销售人员 100% 完成所有销售目标后，超过 100% 部分的销售业绩可根据设定的激励杠杆获得超额奖金。

3.4　图 1 示例：某销售代表的年总目标收入，基本工资为 60%，目标奖金为 40%，激励杠杆为 2 倍和最高可得超额奖金为目标奖金的 200%。

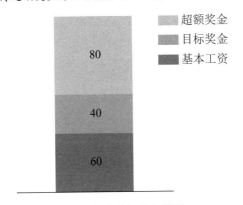

图 1　年总目标收入模型

4. 销售绩效考核指标和权重

4.1　20×× 年销售业绩从三个方面考核，具体绩效考核指标和权重如表 1 所示。

表 1　具体绩效考核指标和权重

考核指标	绩效考核指标			权重	考核周期
	销售人员	销售经理	销售总监		
个人指标	个人销售业绩	区域销售业绩	全国销售业绩	70%	季度
团队指标	区域销售业绩	全国销售业绩	全国销售业绩	15%	季度
团队指标	企业客户满意指数	企业客户满意指数	企业客户满意指数	15%	年度

　　注：个人销售业绩目标由销售经理制定，销售总监批准。销售经理在处理任何可能出现的特殊案例时都要行使他们的判断力和发挥其主动性，但任何偏离本政策情况的具体处理必须经由销售总监批准。

续表

4.2　个人业绩增长系数：

　　为鼓励销售人员取得更好的销售业绩，确保不同区域销售人员的薪酬公平性，20××年新增设个人业绩增长系数，如表2所示。

表2　个人业绩增长系数

20××业绩增长率	个人业绩增长系数
15%	1.2
8.5%～15%	1.1
<8.5%	1.0

　　个人业绩增长率＝本年个人实际销售额/上一年个人实际销售额

4.3　20××年总奖金：

总奖金＝（个人业绩奖金＋团队业绩奖金＋客户满意指数奖金）×个人业绩增长系数

4.4　20××年总奖金的上限为目标奖金的300%。

4.5　个人销售业绩奖金、团队销售业绩奖金在全年四个季度的发放比例如下：

　　一季度可获全年奖金的10%；

　　二季度可获全年奖金的20%；

　　三季度可获全年奖金的30%；

　　四季度可获全年奖金的40%。

　　前三季度只发放目标奖金，超过目标部分的奖金和第四季度奖金一起发放，如表3所示。

表3　奖金发放周期

销售业绩	应得奖金	实得奖金
第1季度实际业绩	第1季度实际奖金（Q1）	Q1
第2季度实际业绩	第2季度实际奖金（Q2）	Q1+Q2-Q1
第3季度实际业绩	第3季度实际奖金（Q3）	（Q1+Q2+Q3）－（Q1+Q2）
第4季度实际业绩	第4季度实际奖金（Q4）	（Q1+Q2+Q3+Q4）－（Q1+Q2+Q3）

4.6　企业客户满意指数按年度考核发放奖金。

5. 奖金计算

5.1　销售业绩奖金

　　个人目标销售额将平均分配至每个季度，业绩完成率按当季财务部公布数据为准。相应的个人销售业绩奖金分4次计算，在每个季度结束后的一个月内发放（表4、图2）。

续表

表 4 奖金计算相关系数		
起 付 点	60%	
起付点奖金	50% 目标奖金	
优 异 点	167%	
优异点奖金	300% 目标奖金	
奖 金 计 算	业绩完成率	奖金
	0 ～ 59%	0
	60%	50% 的目标奖金
	61% ～ 100%	每 1% 的销售业绩获得 1.25% 的目标奖金
	>100%	每 1% 的销售业绩获得 3% 的目标奖金

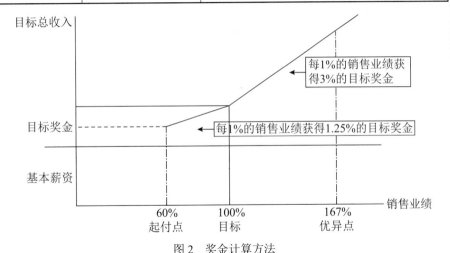

图 2   奖金计算方法

　　个人销售业绩和团队销售业绩每季度指标完成 60% 以上可以计算和发放当季目标奖金，如果单季度完成不足其季度指标的 60%，则该季度的销售业绩奖金为 0。如果单季度完成不足其季度指标的 60%，但全年销售业绩完成目标的 60% 以上，仍可在四季度按全年业绩计算奖金，发放不足部分。如果在单季度完成了 60% 以上而全年未达到 60%，则第四季度按全年业绩计算奖金，扣回已发奖金。销售业绩奖金参照表见表 5。

表 5   销售业绩奖金参照表

销售业绩完成率	目标奖金	销售业绩完成率	目标奖金
167%	300%	160%	280%

续表

销售业绩完成率	目标奖金	销售业绩完成率	目标奖金
150%	250%	90%	87%
140%	220%	85%	81%
130%	190%	80%	75%
120%	160%	75%	69%
110%	130%	70%	63%
105%	115%	65%	56%
100%	100%	60%	50%
99%	99%	<60%	0%

5.2　客户满意指数

该考核指标为年度考核，由市场部根据全国客户满意度调研结果计算和公布，客户满意度相关奖金计算系数见表 6。

表 6　客户满意度相关奖金计算系数

起 付 点	90%	
起付点奖金	50% 目标奖金	
优 异 点	110%	
优异点奖金	150% 目标奖金	
奖 金 计 算	业绩完成率	奖金
	0 ～ 89%	0
	90%	50% 的目标奖金
	91% ～ 100%	每 1% 的销售业绩获得 5% 的目标奖金
	>100%	每 1% 的销售业绩获得 5% 的目标奖金

6. 销售奖金的发放

6.1　销售业绩按照当季度实际开票计算奖金。

6.2　所有工资及奖金的个人所得税由个人负责并由公司代扣代缴。

6.3　销售人员须在每季度的最后一天在册，方可获得当季奖金。

7. 政策解释

本政策的解释权归公司所有。公司有权根据业务情况修改和调整本政策的具体内容。

表 13-10 销售薪酬激励计划示例——高级客户经理

员工信息	姓名： 职位：高级客户经理 负责区域：江苏地区 直线主管：华东区销售经理
目标薪酬	基本薪酬 60%：150 000 激励薪酬 40%：100 000 目标薪酬 100%：250 000
绩效指标	个人销售额：×× 华东区销售额：×× 客户满意指数：××
绩效指标权重	个人销售额：70% 华东区销售额：15% 客户满意指数：15%
绩效指标配额	个人销售额：5 300 000 华东区销售额：47 400 000 客户满意指数：59%
目标，起付点与优异点	个人销售额：起付点 =60%，目标 =100%，优异点 =167% 华东区销售额：起付点 =60%，目标 =100%，优异点 =167% 客户满意指数：起付点 =90%，目标 =100%，优异点 =110%
目标，起伏点与优异点对应的目标激励	个人销售额：起付点 =50%，目标 =100%，优异点 =300% 华东区销售额：起付点 =50%，目标 =100%，优异点 =300% 客户满意指数：起付点 =50%，目标 =100%，优异点 =150%
支付周期	个人销售额：季度 华东区销售额：季度 客户满意指数：年度
增长系数	本年实际个人销售额与上一年实际个人销售额相比 增长大于 15%，增长系数 =1.2 增长介于 8.5% ～ 15%，增长系数 =1.1 增长小于 8.5%，增长系数 =1
总奖金公式	（个人销售额奖金 + 区域销售额奖金 + 客户满意指数奖金）× 增长系数
上限	总奖金上限：300%

本 章 小 结

对销售管理层来说，选择哪种结构的销售薪酬激励计划是一个棘手工作。不同结构的销售薪酬激励计划各有其优缺点，向销售人员传达不同的信息。对一家企业最有效的结构可能并不是另一家同类企业的答案，今年有效的结构，明年可能会变成销售业绩增长的阻碍。选择销售薪酬激励计划结构时，销售薪酬设计人员需要考虑的事项包括：

■ 我们的短期和长期目标是什么？我们希望鼓励哪些销售行为？

■ 这类结构的计划是否现实可行且成本可控？会有效激励销售人员吗？

■ 我们是否可以采用一些方法弥补这类结构的不足之处？

第二部分
销售薪酬激励计划的
落地应用

第十四章
我们能负担吗：成本与可行性验证

众多因素影响销售薪酬激励计划的成功与否，如目标薪酬、薪酬组合、激励杠杆、绩效指标、激励机制、业绩分配规则和个人业绩指标设定等。每一个变化，无论多么微小，都可能改变销售薪酬激励计划的预算和预期效果。最有效的计划只有在模拟运行、确定不会产生意想不到的财务结果和风险后，才能付诸实施。

一、可行性验证方法

无论销售团队是大是小，销售薪酬激励计划设计完成后，企业需要对新计划或变更后的计划建模，进行成本分析并确定对销售业绩和销售收入的影响。通过测试在不同预测环境中的各种变量，企业可以比较和优化它们对销售业绩和激励薪酬的影响。理想状态下，建模和测试应该在考虑历史数据、增长预测及其他相关财务规划和假设的情况下进行。一个完整的模型和测试需要回答的一些关键问题，包括这个计划的成本是否合理，这个计划是否推动预期的行为，对优秀员工的奖励是否恰当。图 14-1 所示为销售薪酬建模与可行性分析的具体步骤。

1.历史数据建模

使用历史数据来模拟新的销售薪酬激励计划是最常用的方法。许多企业使用过去一年的销售结果建模，将模型支出结果与上一年的支出进行比较。这种经典的建模方法的优点是速度快、易于控制，在销售薪酬激励计划设计中被公认是必要的和重要的。然而，这种方法的预测数据完全由前期数据组成，因而是一种"后视镜"方法。从本质上讲，它假设新的计划是在去年实施的，然后模拟薪酬和绩效的差异，没有考虑各种可能的变化对销售薪酬的影响。

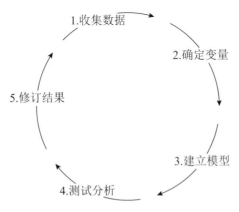

图 14-1　销售薪酬建模与可行性分析步骤

2. 预测数据建模

成熟企业使用的市场和销售规划分析工具、方法，通常可以轻松地将销售预测精确到计算有效激励结果所需的级别。因此，销售薪酬设计人员可以直接将新计划与明年的预测销售结果联系起来。同时，与销售人员相关的，对销售激励成本和销售效率有影响的因素，如业绩指标、区域变动和新员工数量等，也应详细预测，纳入新计划的模型。这样可以形成更完整的整体成本图，提高模型的准确性。

3. 场景规划

今天的商业环境里，黑天鹅事件越来越多，预测的可靠性不断降低。

对此，一个强大的应对工具是场景规划，即模拟多种未来可能出现的情况。企业可以通过构建多个场景来扩展分析，了解销售薪酬激励计划的潜在成本和影响。简单来说，可以根据"最坏情况""可能情况"和"最佳情况"的销售结果进行建模，产生低、中和高的销售薪酬预算。企业也可以针对特定场景进行预测分析。例如，企业准备对一个新产品进行积极的营销和激励，那么调整激励杠杆或加速器，会对销售预算产生什么影响？或者，如果业务扩张计划被推迟了几个月，对销售结果和成本产生什么影响呢？场景建模是发现销售薪酬激励计划可能结果的一种可靠方法。对各种场景建模，将帮助企业了解和评估：不同场景对销售结果和成本的影响，不同场景对销售人员的影响，应该在什么时候做出推行新计划，新计划是否会影响业绩指标的完成，新计划对其他激励因素的影响。

4.蒙特卡洛模拟

因为激励薪酬作为一个变量，取决于许多因素，包括销售薪酬激励的设计、业绩指标的分配和销售人员的绩效。即便其他因素不变，销售人员的个人绩效也不太可能每年保持不变。因此，即使销售薪酬激励计划保持不变，激励薪酬成本也会逐年变化。传统的预测和建模非常依赖假设和预测，如果假设和预测错误，即使计算是正确的，也会得出不可靠的结果。

蒙特卡洛模拟（Monte Carlo Simulation）是一种基于概率的统计学方法，用大量随机数据重复一个场景，这样就可以得到海量模拟结果，而不是传统建模时常见的对过去一年数据的模拟。

我们以激励薪酬成本为例，简单描述一下蒙特卡洛模拟的应用。某SaaS销售团队的销售薪酬激励计划包含三个考核指标：ARR、多年合同比例和预付款比例。首先，随机选取每个绩效指标的完成值，根据激励薪酬计算公式计算出奖金，这样就完成了一次模拟；其次，重复这样的模拟，通过成千上万次模拟得到成千上万个奖金数值，最后，再对这些海量销售奖金数值进行统计分析，得出其概率分布。有了概率分布，就可以评估风险，做出决策。

蒙特卡洛模拟是强有力的工具，可以通过专业统计软件完成，也可以通过 Excel 实现。我们建议，大型企业在设计和管理复杂的销售薪酬激励计划时使用蒙特卡洛模拟，提升解决问题的效果。

5. 田野测试

销售薪酬领域传统的方法是先实施后调整。通常，企业需要一年的时间才能确定新销售薪酬激励计划是否达到预定目标。在这个快速变化的时代，企业需要保持敏捷，以更快的速度验证和调整销售薪酬激励计划。越来越多的企业开始采用田野测试（Field Test），通过分组对照检验不同销售薪酬激励方案的效果，找到更有效的销售团队的激励方法。

田野测试是怎样进行的呢？选择特定地区的销售人员作为测试组，实施新的销售薪酬激励计划。测试组的薪酬和绩效水平，将与销售薪酬激励计划保持不变的对照组进行比较。重要的是，确定一个与测试组可比的真正的对照组。例如，在上海测试一个新的薪酬计划，其结果对云南地区的销售人员可能是毫无意义的。在某个区域的销售人员中测试新的薪酬计划，但同时在对照组所在的区域进行价格促销，那么就无法比较两组的结果。

田野测试适合评估短期结果。测试持续时间决定取决于销售周期的长度。如果销售周期为 2 个月，那么测试可能需要持续 4 个月。对于复杂的跨区域的大型销售组织来说，田野测试不仅可以帮助企业快速建模验证销售薪酬激励计划的成本和实践结果，更重要的是，可以避免贸然实施新计划可能带来的财务、人员和战略风险。

二、对个人的影响

除了企业层面，销售薪酬设计人员还需要从销售人员个人层面，对销售激励的潜在影响进行评估。对销售人员来说，激励薪酬是非常私人的，对获得激励薪酬方式的任何调整都会对销售人员的行为产生重大影响。销售人员希望清晰了解新计划对他们的影响：激励薪酬会增加还是减少，新计划是否会创造一批新的赢家和输家。任何销售薪酬激励计划，都不可避免地对部分销售人员的现状和既得利益造成不利的影响。企业需要针对新计划的特点和变化进行适当的沟通和管理，解决潜在的问题和矛盾。

某工业产品企业有一个 54 人的销售团队。企业准备在新的一年启用重新设计的销售薪酬激励计划。图 14-2 显示了新销售薪酬激励计划对销售人员的影响。与原计划相比，28% 的销售人员收入将减少，最多的减少超过 5 万元。61% 的销售人员收入将增加，最多增加近 3 万元。5% 的销售人员收入基本未受到影响。该分析为销售管理层评估新的销售薪酬激励

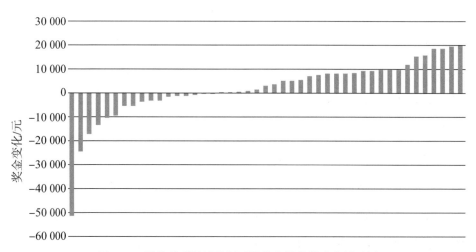

图 14-2　销售薪酬激励计划对销售人员的影响分析示例

注：一个立柱代表一名销售人员。

计划对销售人员的影响，提供了清晰的视角。销售薪酬设计团队可能需要深入地分析受影响的销售人员的具体情况，进一步调整新计划的要素和实施时间表。

三、评估和修正结果

模拟运行新的销售薪酬激励计划后，企业需要根据新计划对成本、风险、计划变化、绩效情景及销售人员薪酬的影响，对计划进行必要的修改和调整。一旦新计划开始实施，企业需要密切跟踪，定期评估实施效果。如果新计划中有任何一个部分没有走上正轨，没有达到预期的效果，企业需要决定应该做出什么改变使计划更有效。即使所有的目标都实现了，下一年的新业务战略和目标也可能需要继续调整销售薪酬激励计划。

本 章 小 结

有不同的方法可以制订销售薪酬激励计划，关键是需要确定计划带来的结果是什么。尽管市场的变化对每个人来说都是未知的，但通过建模和测试，可以明确上述问题的答案，使销售管理层和销售人员可以清楚地了解变化带来的各种可能的影响，让销售团队有信心执行所需的改变。进行建模和可行性测试时，销售薪酬设计人员需要考虑以下问题：

- 我们可以使用什么工具、方法预测和建模？
- 我们将如何利用从销售预测中获得的信息？
- 支付薪酬成本是多少？我们可以负担吗？
- 新的销售薪酬激励计划会更好地促进销售人员完成他们的业绩目标吗？

第十五章
怎么应对特殊挑战：特殊问题处理

大多数销售薪酬激励计划是基于绩效的可变薪酬。当一切进展顺利时，各种激励机制会发挥作用，销售额越多，奖励越高。然而，对于新销售人员，或业务环境发生重大变化时，钟摆可能会向另一个方向摆动。本章我们要讨论新销售人员的激励薪酬设计，以及经济下行和其他特殊情况的薪酬激励应对措施。

一、新销售人员的薪酬激励计划

长期以来，市场的不确定性和销售人员的高流动率是对企业的重大挑战。对大多数企业来说，新销售人员始终是销售团队的一部分。大多数新销售人员只有充分了解新产品、研究目标客户并建立可靠的业务网络后，才能完全发挥效力。销售培训专家迈克·舒尔茨的研究认为，平均而言，这个学习和提升周期在 9 个月左右。

招聘阶段，面试官常常向应聘者展示一个设计复杂的销售薪酬激励计划，告诉他们完成销售目标后可以获得的诱人激励薪酬。然而，可以预见的是，在最初的学习提升期，大多数新销售人员很难实现业绩目标。应聘者会问："作为新人，如果我没有做到，我的收入会是什么样的？"对于新销售人员来说，保持学习期健康的现金流是一个现实的个人问题。企业需要设计满足新销售人员需求的针对性薪酬激励方案，使他们在没有完成业绩目标的情况下，仍能获得持续稳定的收入。这不仅关乎是否能够吸引优秀的销售人才，也关系到新销售人员的激励和保留，以及他们学习的速度和质量，最终影响整个销售团队的生产力。

有的企业在学习提升期内，对新销售人员实行固定工资模式。固定工资可以是单独设定，也可以是销售薪酬激励计划中的基本薪酬部分。在新销售人员具备必要的产品知识和销售技能，可以独立销售时，再进入销售薪酬激励计划。这种方法不是基于绩效的可变薪酬，一个不足是可能会让其他销售人员和学习期能有能力实现销售业绩的新销售人员觉得不公平。

很多企业使用预提（Draw），帮助新员工在不损失收入的情况下适应销售岗位和业务环境。预提是可变薪酬的一种，指销售人员完成销售并获得激励薪酬之前，企业先预付他们未来激励薪酬的一部分。根据企业的预提政策，销售人员完成销售后，预提可能从销售人员获得的激励薪酬中扣除，也可能不扣除。预提向销售人员表明，企业承诺的不是固定收入，而是对未来绩效的预期。当企业实行的是无底薪，或者基本薪酬偏低的销售薪酬激励计划时，预提的作用更显著。

预提金额通常设置为销售人员目标薪酬的 60% ～ 90%。例如，新销售人员的目标薪酬为 15 万元，那么每月的预提金额可以设置为 1 万元（15 万 ×80%÷12）。预提一般与企业员工的工资按照相同的时间表支付。预提使用的时间通常为 3 ～ 6 个月，也可以根据情况设置更长的周期。有的企业将销售人员赚取的激励薪酬超过预提的时间节点，作为结束预提的时间。这背后的理由是，新销售人员赚取的激励薪酬超过预提，意味着他们已经掌握了基本销售技能，适应了新销售环境。因此，继续使用预提意味着对其他销售人员不公平。

在销售薪酬领域，不同企业的预提设计各不相同，但可以分为两种主要类型：回收型预提和不回收型预提。

（1）回收型预提：类似无息贷款。企业在销售周期开始时以预付形式向销售人员支付预提。销售周期结束时，销售人员的激励薪酬减去预提。销售人员可以获得激励薪酬中高于预提的部分。如果销售人员的激励薪酬没有超过预提金额，差额将在提款账户中累积为负余额，转入下一个销售周期，以便销售人员偿还给企业。

表15-1为客户经理王×的预提案例。王×在某年第一季度每月可以获得5000元的预提。1月结束时，王×没有销售业绩。在当月付薪时，王×获得5000元的预提。同时，他的账户欠款为5000元，转入下一个支付周期。2月，王×的销售业绩实现突破，激励薪酬达到7000元。王×必须首先偿还上月5000元的欠款，他的实际收入为2000元。3月，王×的销售业绩稳定，获得6000元的激励薪酬，他可以获得全部的激励薪酬。

表 15-1 回收型预提示例

月　　份	预　　提	激励薪酬	实 付 奖 金	账户欠款
01	5000	0	5000	5000
			（5000 元预提）	
02	5000	7000	2000	0
			（7000 元激励薪酬 – 5000 元欠款）	
03	5000	6000	6000	0
			（6000 元激励薪酬）	

（2）不回收型预提：类似固定津贴。与回收型预提一样，企业从销售人员的目标薪酬中设定一定比例的金额，预先支付给员工。不同的是，销售人员不需要再归还预提。预提金额与员工获得的激励薪酬之间的差额不会累积为负余额。如果销售人员赚取的激励薪酬超过预提，他们通常可以

保留含预提部分的全部激励薪酬。对于新销售人员来说，不回收型预提是一种常见的选择，特别是在需要几个月才能进行首次销售的行业和市场中。

表 15-2 为客户经理丁 × 的案例。丁 × 的不回收型预提的金额为每月 5000 元，周期为 3 个月。第一个月丁 × 没有实现任何业绩，当月收入为 5000 元预提。第二个月丁 × 销售业绩取得进展，获得 4000 元的激励薪酬，当月他的收入为 4000 元激励薪酬和 1000 元预提。第三个月丁 × 的销售业绩颇佳，获得 7000 元激励薪酬，当月他的收入为 7000 元激励薪酬。

表 15-2　不回收型预提示例

月　　份	预　　提	激励薪酬	实付奖金
01	5000	0	5000 （5000 元预提）
02	5000	4000	5000 （4000 元激励薪酬 +1000 元预提）
03	5000	7000	7000 （7000 元激励薪酬）

预提的益处显而易见。新销售人员通常会很高兴在入职阶段享有一份稳定的收入，这样他们就可以安心地投入学习和开拓业绩。预提通常没有上限，激励新销售人员尽可能多地销售，赚取更多的收入。但预提也存在一些弊端：

（1）预提结构可能很复杂，需要持续充分地跟踪和管理。

（2）与其他销售薪酬激励计划相比，这种薪酬结构的前期成本要高得多。

（3）使用回收型预提时，如果新销售人员的销售额不能产生足以支付预提的激励薪酬，销售人员会发现自己欠了企业一笔"债"。随着时间的推移，这种债务可能会累积，给新销售人员带来压力，造成士气低落。

（4）随着新销售人员的不断增加，企业的盈利能力在这种激励结构中受到影响。

除了新销售人员可以使用预提外，当销售团队成员进入新的团队、区域或销售全新产品时，可以使用不回收型预提。这种情况下，预提的使用时间可能没有新销售人员需要的那么长。此外，回收型预提也适用于销售周期特别长的产品。如果完成每笔交易需要 1～2 年的时间，向销售人员支付预提是一种合理的激励方法。

企业使用预提时，需要制定和公布详细的政策，或与销售人员签订详细的协议，以避免纠纷。在实施计划之前，请记住以下两点：

（1）企业可能会给销售人员支付比他们可能获得的激励薪酬更高的报酬。虽然在可回收预提计划里，企业可以从未来的激励薪酬中收回预提金额，但如果金额太高，可能影响销售人员的稳定性。因此，企业需要对可能的风险进行评估，制订双赢的计划。

（2）预提需要公平，但也不能太慷慨。如果销售代表在 6 个月后仍在享受预提，那么预提计划将可能在财务上给企业带来较大的伤害。企业需要明确预提何时停止，周期过长的预提往往会削弱销售人员快速学习，达成交易的动力和能力。

二、经济下行时期的销售薪酬激励计划

各种原因造成的经济下行是企业必须面对的重大挑战之一。因此，企业的所有部门都必须认真思考、未雨绸缪，对不断变化的环境快速做出反

应。研究显示，销售人员在一家企业达到最佳绩效水平需要 3 ～ 5 年。在经济下行时期，如何保留优秀销售人才是管理层首先需要考虑。销售人员的流失，不管是主动离职还是企业裁员，都会影响士气，带给企业长期伤害。随着一段时间后经济和生产力的恢复，企业很难迅速回归常态，满足市场被压抑的需求，由此导致经济下行对企业的影响持续更长时间。

短期来说，管理层必须将照顾销售人员作为头等大事。如果销售目标无法实现，那么潜在的激励薪酬就会被销售人员视为虚假的承诺。企业需要随着外部环境的变化，灵活敏捷地调整当前的销售薪酬激励计划，保障销售人员的个人现金流。同时，企业需要强化沟通，坦诚地告知销售人员外部问题对企业造成的具体损害，以及销售人员如何分担业务受到的影响，销售薪酬激励计划是否会进行调整、如何调整。以下是一些企业可以考虑的，针对销售薪酬激励计划的短期调整措施。

（1）调整业绩配额：修正销售预测和预算，将销售人员的业绩配额调整到现实的和可实现的水平。

（2）调整起付点：降低或取消起付点，保证销售人员的收入和积极性。

（3）调整加速器：提供更大的加速器，同时降低优异点，鼓励销售人员保持销售业绩。

（4）调整绩效指标和权重：从受外部因素影响较大的财务型指标（如销售额、利润等）转向受外部因素影响相对较小的，以关注客户为中心的非财务型指标（如客户体验、客户保留等）。

（5）调整绩效指标层级：外部经济因素对负责不同行业和区域的销售人员的影响不尽相同。企业可以降低个人绩效指标的关注，更侧重团队绩效指标。

（6）利用 SPIFF：让销售人员关注眼前的优先事项。SPIFF 提供了灵活性，可以响应快速变化的业务环境，保持销售人员的动力和成就感。

（7）提供不回收型预提：不回收型预提类似短期津贴。许多企业选择在特定时间框架内使用不回收型预提，而不是立即改变销售薪酬激励计划的薪酬组合比例或激励机制。

（8）调整支付周期：如果企业采用较长的支付周期（如年度），可以缩短为较短的支付周期（如季度）。

（9）设置上限或软上限，避免不可预测的财务风险。

（10）延长新销售人员的学习提升期，也就是为他们提供更多的预提。

图 15-1 为 2020 年 4 月世界薪酬协会发布的销售组织应对新冠疫情措施的调研结果。大部分参与调研的企业表示同时采取其中的两三项措施，以缓解疫情对销售团队的影响。过去成功的案例显示，经济下行时期，通过保证销售人员的收入，激励销售人员继续努力工作并朝着目标前进，是面向明天的更好的解决方案。这种投资员工的做法短期内增加了企业的销售成本，但将给企业带来长久的收益。考虑短期薪酬调整措施时，重要的是明确所有措施实施和结束的时间，以及预期达到的结果，确保整体销售成本控制在可接受的范围内。

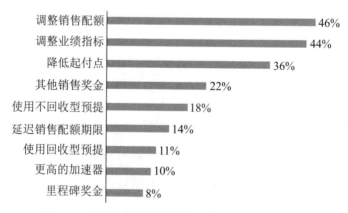

图 15-1　新冠疫情期间销售薪酬激励计划的应对措施

除了经济下行，还有许多特殊情况可能影响销售薪酬激励计划，导致销售人员的收入突然下降。这些情况包括：

（1）销售组织重组：销售组织发生重大调整时，如客户重新分配或区域重新设计，可能会对激励薪酬产生重大负面影响。销售人员往往将这类变化视为单方面和不公平的。

（2）产品价格变化：产品或服务定价发生重大变化时，可能会对销售人员的激励薪酬产生负面影响。

（3）其他情况：包括新的竞争对手、新产品发布、重大事件、失去大客户及其他类似事件，都有可能对销售人员的激励薪酬产生重大负面影响。

在这些情况下，除了上面提到的短期调整措施，企业可以使用回收型预提。从"技术上"看，回收型预提是企业向销售人员提供的无息贷款，可以保护销售人员免受激励薪酬突然下降的影响，降低销售人员流失的风险。回收型预提让管理层有足够时间对特殊挑战的影响做出评估，采取后续应对措施。

三、激励薪酬返还机制

企业使用签单、发货、客户收货或安装作为计算业绩的时间点，计算和支付激励薪酬。这些方法都可能面临客户不付款或取消订单的风险。有的企业在客户付款后计算和支付激励薪酬，但客户付款后，依旧有退货和取消订单的风险。总之，客户不付款，取消订单和客户流失始终是企业或早或晚、或多或少需要面对的现实问题。

激励薪酬返还机制（Clawback），顾名思义，如果客户在特定时间段内未付款或取消订单，销售人员必须全部或部分返还企业已经支付的激励薪酬。企业通过激励薪酬驱动销售人员实现业绩，但是已支付激励薪酬的合同未能转化为收入或货款无法收回，这不是可持续的商业模式。因此，返还机制是对企业的一种保护。

返还机制鼓励销售人员关注整个销售过程中存在的风险，优先考虑客户保留和交易质量，而不是数量。返还机制鼓励销售人员，将时间和精力集中在从企业的产品或服务中获得长期价值的客户身上，避免并不真正适合企业的潜在客户。返还机制还可以激励销售人员以客户为中心，关注客户体验，确保客户对产品满意，提供最佳的售后支持和服务。

SaaS 企业较多使用返还机制。客户保留率是 SaaS 业务的一个关键指标。当客户在达到某个特定基准点之前发生变动，如在规定的时间段内停止使用产品或服务时，销售人员就将被要求返还所得的激励薪酬。并不是所有行业和企业都适用返还机制，比如跟踪和考核团队业绩而非个人业绩的企业就不适合返还机制，不具备条件准确记录和跟踪销售数据的企业也不适用返还机制。

企业在扣除返还的激励薪酬时有两种方法：

一是直接从新的激励薪酬里扣除返还的金额。这种方法简单易行，也易于销售人员理解。但根据总体业绩而不是按每笔交易计算激励薪酬的企业，并不适用这种方法。特别在使用多个加速器的复杂梯级销售薪酬激励计划中，激励杠杆启动后，很难区分单笔业绩的激励薪酬。

二是将需返还激励薪酬的业绩记为当期的"负"业绩，然后计算当季的激励薪酬。这种做法可以很好地弥补第一种方法的不足。我们以宏腾教育为例，具体说明这两种方法。

某面向企业客户的在线教育 SaaS 平台，平台提供数百门职场软技能课程，客户可以订阅使用部分或全部课程。企业采用梯级佣金型销售激励薪酬计划，每季度考核销售人员的业绩并支付激励薪酬。季度业绩指标以下的佣金比例为 10%，超过季度业绩指标后的佣金比例为 20%。企业在客户签单后开始计算业绩并支付激励薪酬，如果客户未支付订单款项或提前终止订单，企业将启动返还机制，收回已支付的激励薪酬。马 × 是该公司的销售专员，2021 年第一季度的业绩指标为 20 万元。如表 15-3 所示，第一季度他赢得了三份订单，顺利完成了销售业绩。

表 15-3　第一季度销售业绩与激励薪酬

第一季度（业绩指标 200 000）				单位：元
订　　单	销售额	第一阶段佣金 10%	第二阶段佣金 20%	实付佣金
1	80 000	8 000	0	8 000
2	140 000	12 000	4 000	16 000
3	75 000	0	15 000	15 000
总计	295 000	20 000	19 000	35 000

第二季度马 × 的业绩指标为 40 万元，他也顺利地完成了销售任务。然而 2021 年 6 月，1 号订单的客户被其他企业收购。客户处于组织调整阶段，通知该公司取消订单。于是企业在第二季度末根据返还机制，扣除已支付给马 × 的 1 号订单佣金。企业有两种方式扣除需返还的佣金。表 15-4 中，企业直接从第二季度马 × 获得的佣金中扣除 1 号订单佣金。表 15-5 中，企业将 1 号订单作为第二季度的"负"业绩，计算马 × 的第二季度佣金。

尽管返还机制可以保护企业的利益，但它的缺点也很明显。企业是否采用返还机制需要谨慎考虑。返还机制最令人担忧之处在于，客户不付款或取消订单的原因常常是销售人员无法控制的。因此，返还机制可能会

表 15-4 直接扣除返还的佣金

第二季度（业绩指标 400 000）				单位：元
订　　单	销 售 额	第一阶段佣金 10%	第二阶段佣金 20%	实 付 佣 金
4	150 000	15 000	0	15 000
5	125 000	12 500	0	12 500
6	80 000	8 000	0	8 000
7	100 000	500	19 000	19 500
总计	455 000	36 000	19 000	55 000
			返还	-8 000
			实付	47 000

表 15-5 "负"业绩扣除返还的佣金

第二季度（业绩指标 400 000）				单位：元
订　　单	销 售 额	第一阶段佣金 10%	第二阶段佣金 20%	实 付 佣 金
4	150 000	15 000	0	15 000
5	125 000	12 500	0	12 500
6	80 000	8 000	0	8 000
7	100 000	500	19 000	19 500
1（返还）	-80 000	-8 000	0	-8 000
总计	255 000	280 000	19 000	47 000

伤害销售人员的积极性，以及对企业的信任和忠诚度。返还机制还可能带来税务问题和法律风险。除此之外，随着销售团队规模的扩大和复杂性的增强，采用返还机制可能使销售和财务部门将太多时间用于复杂的支出跟踪、奖金和税务计算。鉴于此，只有在数学计算相对简单的情况下，返还机制才有实施的价值。

本 章 小 结

企业不能指望销售人员在工作第一天就充分发挥生产力。他们需要足够的时间了解新职责、新产品、新销售体系和流程、新同事，以及新客户和业务合作伙伴。在此期间，企业需要为他们提供合理的收入，保持他们的专注和积极性。

当经济环境发生变化、自然灾害或其他经济事件，阻碍销售人员以正常能力销售时，企业需要做出迅速而适当的反应，为整个销售团队提供稳定收入，避免优秀的销售人才流失。总之，企业需要在盈利和员工利益之间取得微妙的平衡。

针对上述情况，销售薪酬设计人员需要回答以下问题：

■ 我们是否帮助销售人员在不损失收入的情况下，适应新的销售岗位和业务环境？

■ 面对各种可能导致企业业务和销售人员的收入突然下降的特殊情况，我们是否准备了预案平衡业务和人才之间的优先事项？

■ 我们是否需要执行激励薪酬返还机制？这种机制会不会对销售人员产生负面影响？

第十六章
我们的激励有用吗：有效性分析

彼得·德鲁克有句名言："如果你不能衡量它，你就无法改进它。"这句话提供了销售薪酬管理的一个最佳实践。销售薪酬激励计划付诸执行后，怎么评判这个计划是否实现了设定的目标呢？销售薪酬有效性分析是关键。

一、有效性分析的意义和作用

作为剖析销售薪酬数据的科学，销售薪酬有效性分析旨在帮助企业做出正确的薪酬决策，设计回报率最大化的销售薪酬激励计划。对于一些销售组织，在销售薪酬中使用有效性分析方法并非新鲜事。对另一些销售组织来说，虽然销售薪酬有效性分析的益处和必要性不言而喻，但相关工作和流程并没有得到落实。这些销售组织常常使用描述性数据展示，结合假设和经验来评估销售薪酬激励计划的成果。很多时候，这是因为这些组织缺少销售薪酬有效性分析需要的系统性框架和工具，以及具有对数据"抽丝剥茧"能力的专业人员。

与销售薪酬分析相比，常用的描述性数据展示并不能够解释数据背后的秘密。让我们来看一下两个常见的销售统计图。图 16-1 是某企业三年销售业绩与销售薪酬成本变化的统计。经历新冠疫情的影响，企业重新设计销售薪酬激励计划，期望新计划可以激励销售人员，推动业务复苏。2021 年企业实现了业绩增长，但销售薪酬成本增长超过了销售业绩增长。

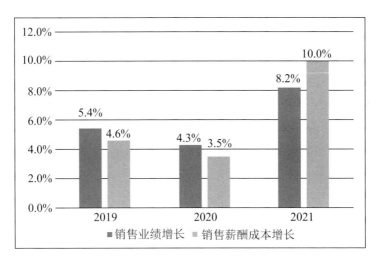

图 16-1　销售业绩与销售薪酬成本变化

图 16-2 的例子中，管理层在新年伊始实施了调整后的销售薪酬激励计划，希望通过推动三个核心产品的销售，提升销售业绩和利润。计划实施后 6 个月的数据显示，二季度开始，销售业绩出现上升趋势。产品 A 的销售业绩出色，但另外两个产品业绩平平。

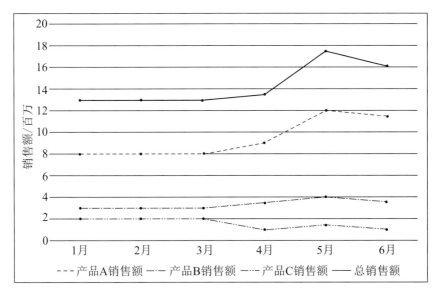

图 16-2　产品销售趋势统计

这两张描述性图片提供了"后视镜"视角，回顾了业务的发展情况和现状，传递了一些趋势信息。但这两张图并没有告诉我们销售薪酬激励计划在其中的作用，以及接下来需要做什么。我们对销售业务数据和销售薪酬数据进行更深入和全面的分析，需要回答下列问题：①计划是否按照设计发挥作用？②预测的业务目标有没有实现？③期望的销售行为有没有发生？④销售人员有没有受到激励，全力以赴？⑤是否出现有任何意料之外的后果？

图16-3的销售薪酬有效性分析模型提供了思考和分析的框架、假设和工具，帮助揭示销售管理层的直觉无法捕捉到的见解，来回答上一段列出的问题。销售薪酬有效性分析模型包括四个部分。

（1）战略一致性：通过分析业绩完成结果，业绩与激励薪酬之间的关系，薪酬计划是否与销售岗位职责匹配，以及销售薪酬成本的变化，评估销售薪酬激励计划是否支持企业的业务目标。

（2）设计有效性：通过分析销售人员的绩效结果和收入与业绩指标，激励机制及薪酬组合的关系，评估销售薪酬激励计划的成功与不足之处。

（3）员工激励性：通过分析激励薪酬的竞争力和公平性，结合销售人员、销售管理层和其他利益相关者对计划结果的观察和看法，评估计划是否激励销售人员努力达成业绩以获得更高的激励薪酬。

（4）运营有效性：实施后日常运营管理对销售薪酬激励计划的成功起着重要作用。评估的指标包括运营管理的成本和效率、销售数据追踪和收集、激励薪酬计算的准确性、激励薪酬支付的及时性、销售激励薪酬的投诉和解决等。

图 16-3　销售薪酬有效性分析模型

二、战略一致性分析

1. 配额完成分析

企业需要对销售人员的配额完成情况进行分析，确定销售人员的绩效分布。通常，我们期望看到的绩效结果是一个正态分布，60% ～ 70%的销售人员达到或高于设定的目标。10%的销售人员达到或高于优异点，10%的销售人员的绩效低于起付点。满足这一绩效分布曲线，意味着企业以合理的成本和方式实现了整体业务绩效目标。如果实际绩效分布偏离这一绩效曲线，通常表明销售管理存在某些问题。这些问题通常包括销售区域调整、配额分配流程或其他流程发生重大变化、销售预测错误、销售岗位职责发生重大变化、鞭打快牛（对上一年度绩效优异的区域或个人追加配额）、销售人员招聘和培训问题、业绩分配规则不合理等。

图 16-4 的绩效分布图中，每一个立柱代表某个配额完成率的销售人

员数量。区域 A 基本符合期望的绩效分布曲线，表明配额设定合理，销售薪酬激励计划取得了正确的结果。区域 B 大部分销售人员完成和超额完成销售目标。对企业而言，这未必是一件值得庆贺的事。该区域的配额可能太低，可能导致该区域总体销售收入降低，但薪酬成本上升。区域 C 的大部分销售人员未完成销售配额，排除经济下行等不可控因素后，可以判断配额设定太高或销售人员生产力过低。

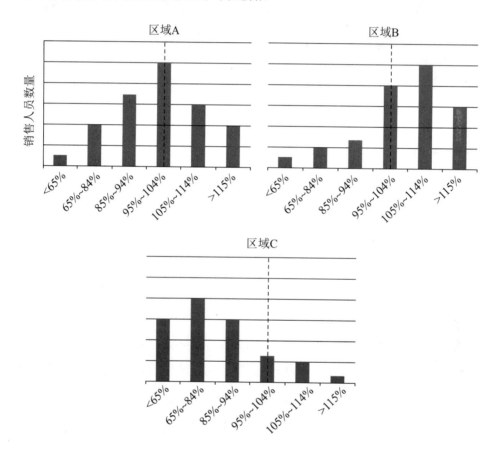

图 16-4　不同销售区域销售配额完成率示例

配额完成出现双峰（图 16-5）或多峰分布时，每一个"峰"代表一个特定销售人群，如新销售人员、某区域销售人员等。双峰或多峰分布，可能意味着销售管理缺少一致性或区域设计不合理，对销售薪酬不是一个好征兆。特别是出现两头高中间低的倒钟形曲线时，通常意味着销售业绩主要由能够超额完成任务的优秀销售人员完成，企业正在付出高昂的薪酬成本。同时，无法完成业绩的大部分销售人员将带来高流动率。

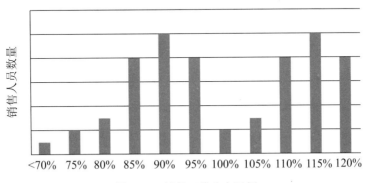

图 16-5　绩效双峰分布示例

　　根据产品或服务的销售周期，可以每月或每季度进行配额完成分析，并在年中根据需要对配额做调整，确保业绩结果符合预期。除了追踪配额完成曲线的变化外，对不同销售人员配额完成情况进一步深入分析，可以带给销售管理至关重要的信息和洞见。例如，企业可以对配额完成分布曲线两端的销售人员做进一步分析。10% 的业绩优异的销售人员仅仅是因为运气还是他们的努力和专才？业绩垫底的销售人员是因为个人能力不足，还是资源分配不合理、区域划分错误、培训不足等问题的受害者？深入分析可以解开销售人员不同绩效背后的原因，帮助企业发现良好的销售实践或糟糕的计划设计，为企业销售人才保留和发展策略提供依据。

2. 按绩效付薪分析

　　在薪酬领域，我们可以通过相关性分析确定两个变量之间是否存在关联。当两个变量之间存在依存关系时，一个变量的变化会引起另一个变量的变化。如图 16-6 所示，相关性可以是正相关，一个变量的增加引起另一个变量的增加；相关性也可以是负相关，一个变量的增加引起另一个变量的减少。两个变量也可能不相关，各自独立，互不影响。

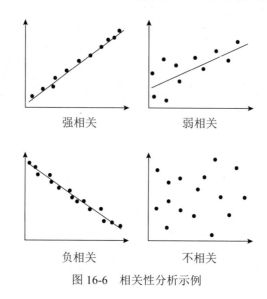

图 16-6　相关性分析示例

设计良好的销售薪酬激励计划驱动销售人员提升绩效，同时增加销售人员的收入。我们可以通过分析销售业绩与销售薪酬之间的相关性来评估计划的有效性。我们通过 Excel 等计算机软件，完成销售业绩和销售薪酬的相关性分析。进行相关性分析时，我们可以获得 R^2 的值。通常，当 R^2 大于 0.8 时，销售业绩与销售薪酬之间存在很强的相关性，可以认为计划是有效的，无须进行调整。当 R^2 位于 0.6～0.8 时，销售业绩与销售薪酬之间存在一定的相关性，计划存在改进的空间。当 R^2 小于 0.6 时，我们认为绩效与薪酬之间的关联很弱，计划可能需要重新审视和设计。图 16-7 的绩效与激励薪酬相关分析示例中，我们可以观察到销售人员的配额完成率和目标薪酬之间有着很强的相关性。可以判断，这个销售薪酬激励计划是有效的。

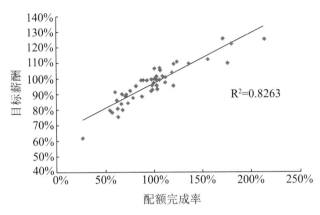

图 16-7 绩效与激励薪酬相关分析示例 1

　　获得相关性分析散点图后，我们可以通过设置象限做进一步分析。如图 16-8 所示，象限 1 为低绩效高收入的销售人员，象限 2 为高绩效高收入的销售人员，象限 3 为高绩效低收入的销售人员，象限 4 为低绩效低收入的销售人员。显然，象限 1 那位仅完成约 90% 的销售业绩却获得近 120% 的目标薪酬的销售人员，以及象限 3 那些超额完成指标但并未获得相应收入的销售人员需要关注。销售管理层需要进一步分析，找出背后的原因。

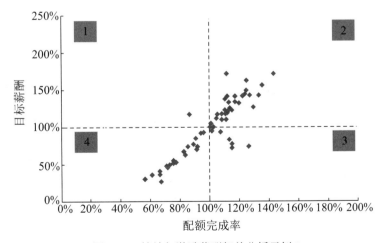

图 16-8 绩效与激励薪酬相关分析示例 2

3. 岗位匹配分析

常常有销售负责人感叹："我们团队有几十个销售代表，要管理几十个不同的薪酬计划。"这种现象似乎普遍存在。设计销售薪酬激励计划时，我们为每一类的特定销售岗位制订计划，而不是每个销售人员。一家全球工业气体探测设备制造商在 100 多个国家有销售业务，销售团队使用的计划超过 200 个。通过历史数据分析，该企业根据销售岗位职责和市场特征，将计划精简到 6 个，确保每个销售人员的薪酬计划在企业共同的原则和框架内，大幅提升了销售团队的战略执行能力和效率。

岗位匹配分析还需要关注销售岗位职责的变化。我们在第四章讨论了内部销售人员的职责变化。长期以来，销售工作主要由外部销售人员通过拜访客户完成。内部销售人员通过电话或电子邮件，寻找和联系客户只是辅助销售手段。内部销售人员通常不承担或承担极少的销售配额。许多企业的内部销售人员不参加销售薪酬激励计划。参加销售薪酬激励计划的内部销售人员的薪酬组合的激励部分占比也很少，如 90/10 等。

近年来，随着数字科技进步，数字营销的发展和客户购买习惯的改变，越来越多的交易通过虚拟或远程方式完成。企业也越来越多地采用内部销售模式。内部销售收入在销售收入占比不断提高。许多采用订阅销售模式的 SaaS 企业的销售收入，全部由内部销售实现。由此，内部销售人员和外部销售人员的销售薪酬激励计划之间的界线日益模糊。许多企业内部销售人员和外部销售人员的目标薪酬、薪酬组合和激励机制日益趋同。表 16-1 为某 SaaS 企业内部销售代表销售薪酬激励示例。

表 16-1 某 SaaS 企业内部销售代表销售薪酬激励计划示例

职 位	内部销售代表	
薪 酬 组 合	60/40	
绩 效 指 标	年度经常性收入 ARR	复购
权 重	60%	40%
起 付 点	80%	
起付点奖金	50%	
优 异 点	200%	
优异点奖金	300%	
上 限	无	

4.销售薪酬成本分析

销售薪酬成本率（Compensation Cost of Sales，简称 CCOS）作为一种诊断指标，通过分析企业在销售薪酬上的投入产生多少销售收入来衡量销售人员的生产力。销售薪酬成本率是销售薪酬总成本（基本薪酬和包括奖金、佣金、SPIFF 等全部可变薪酬）与总销售收入的百分比。如果销售薪酬成本率为 10%，意味着企业每获得 10 元销售收入，需要支付销售人员 1 元薪酬。

$$销售薪酬成本率（CCOS）= \frac{基本薪资 + 可变薪酬}{总销售收入}$$

全面分析销售薪酬成本率，是确定销售薪酬投资是否能给业务带来最佳收益的有效方法。一般来说，管理层希望看到销售薪酬成本率尽可能低，同时仍能实现销售目标，并保持销售队团队的稳定。销售薪酬成本率可以作为领先指标（Leading Measure），企业根据目标销售薪酬成本率制订或优化销售计划。销售薪酬成本率也可以用作滞后指标（Lagging Measure），企业通过回顾过去某一时期的实际销售薪酬成本率，衡量销售薪酬的投资回报效率。

那么，什么是正确的销售薪酬成本率？有没有一个市场标准可以对标呢？由于市场、行业和企业之间存在巨大差异，以及企业销售团队不同岗位之间的差异，实践中并不存在一个深度可用的外部基准数据。企业更多从内部角度来分析销售薪酬成本率。企业层面的销售薪酬成本率作为单一衡量标准，可能过于笼统，无法提供可靠的销售人员效率衡量标准。企业可以按销售岗位、地理位置、销售部门和渠道，跟踪细分的销售薪酬成本率趋势。图 16-9 所示为某企业不同销售区域的销售薪酬成本率示例。

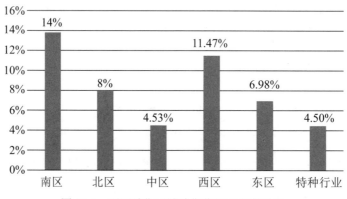

图 16-9　不同销售区域销售薪酬成本率示例

那么，怎么分析销售薪酬成本率的变化呢？许多因素影响销售薪酬成本率，包括基本薪酬水平、目标薪酬水平、激励机制、配额设置和完成情况、业绩分配规则、销售团队规模和部署等。作为趋势和诊断指标，不应将销售薪酬成本率本身视为一个问题，而是通过相关诊断来验证，分析和确定数字背后的根本原因和需要改进的领域。

例如，销售薪酬成本率从 15% 降为 8%，是否意味着可以额手称庆呢？从 15% 降为 8% 对企业可能是一个好消息，意味着年度销售计划、销售薪酬激励计划、区域划分和销售配额设置是成功的，但这也许还意味着销售配额过低，优秀销售人员的流失，激励机制的加速器偏低，或者是在某些地区销售人员配置不足。销售薪酬成本率上升，是否意味着需要降低销售人员的收入？但这或许不是问题所在。销售薪酬成本率上升是销售人员产出下降，或激励机制不合理导致，也可能仅仅是不可控因素导致的销售放缓。销售管理层需要按不同细分市场、不同区域、不同团队，详细分析当前数据和历史数据、发现趋势，确定哪里生产效率最高，哪里生产效率最低，哪些团队或地区正在改善，通过这些分析数据找出根本原因。

销售薪酬成本率的真正价值，在于帮助提升管理层随时间的推移提高销售团队生产力的能力，而不是销售团队中任何个人的生产力。例如，通过分析新销售人员和工作一年以上的销售人员的销售薪酬成本率，管理层可以评估招聘策略、新销售人员培训和辅导的成果，尝试培养新的销售人才以提高销售生产力。

三、设计有效性分析

1. 绩效指标分析

世界薪酬协会 2021 年 8 月公布的调研报告显示，大部分企业的绩效指标不超过三个，6% 的企业只使用一个绩效指标（图 16-10）。过多的绩效指标使销售人员失去焦点，将时间和精力放在与战略执行无关的任务上，同时造成重复激励或奖励与销售业绩无关的无效激励。

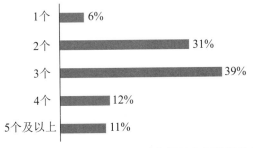

图 16-10 世界薪酬协会 2021 销售绩效指标数量分布

多年来，E公司销售管理层不断在原有销售薪酬方案上叠加新的绩效指标，希望在不影响已有销售增长趋势的同时，解决销售团队面对的问题或找到新的增长点。到2020年年底，销售绩效指标已超过15项。随着核心产品业绩指标的权重不断被稀释，销售人员的总体收入降低、业绩下滑、士气低落。意识到问题后，E公司重新设计销售薪酬激励计划，将绩效指标设为3个，专注核心产品销售。

除了数量，我们还可以从以下两个方面评估绩效指标。

（1）指标是否正确？如果企业的目标是提升利润率，将销售额作为指标并赋予较高的权重显然是不合适的。此外，许多销售负责人将应由销售绩效管理完成的工作纳入考试指标，如客户拜访、销售报告提交等。这些指标显然与销售业绩没有直接关系。

（2）指标是否重复？例如，为了促进核心产品销售，在总销售业绩指标之外，设定核心产品业绩指标会造成重复奖励。这时，可以明确总销售业绩指标不含核心产品销售；或者可以不设核心产品业绩指标，而是为总销售业绩指标设置核心产品业绩的相关调节系数。

2. 薪酬组合分析

我们在薪酬组合一章讨论了薪酬组合设定的原则和方法。薪酬组合中基本薪酬越高，激励薪酬越低，意味着激励程度越低，但销售人员收入风险也越低。与之相反，激励薪酬越高，基本薪酬越低，意味着激励程度越高，但销售人员收入风险也越高。许多销售负责人偏爱低底薪、高激励的薪酬组合，认为这类薪酬组合有助于提高销售人员的积极性和生产力。同时，由于基本薪酬较低，如果销售业绩不佳，总销售薪酬成本较低。

事实上，低底薪、高激励的薪酬组合并不会带来有意义的成本节约。与高底薪、低激励的薪酬组合相比，激励薪酬越高，激励杠杆的力度就越大，完成和超额的员工的薪酬成本就越高。而当企业的整体销售业绩不佳时，两者带来的薪酬成本差异可以忽略不计。销售管理层需要对薪酬组合实际应用的结果进行分析，结合其他薪酬成本数据分析，确定薪酬组合是否在员工激励与薪酬成本之间达成合理平衡。例如，销售配额完成率偏低，可能是高底薪、低激励导致销售人员缺少动力，也可能是产品提价等其他原因。

3. 激励机制分析

对激励机制的分析可以是直截了当的。例如，优秀销售人员的收入低于往年，是不是因为今年的上浮空间过于狭窄？未达到起付点的销售人员多于去年，是不是因为今年起付点设置过高？很多时候，需要对激励薪酬构成进行分析，帮助评估指标权重、产品组合，以及各个绩效指标的激励机制（如加速器、减速器、调节系数等）的期望结果和实际结果之间的差异。我们使用一个简化的例子来说明激励薪酬构成分析。图 16-11 中，销售薪酬激励计划包括三个权重相等的绩效指标：实际完成的结果显示 C 指标超额完成，B 指标基本完成，A 指标则远低于目标。下一步是找出造成差异的原因及需要做什么。

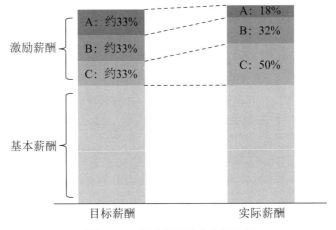

图 16-11　激励薪酬构成分析示例

4. 复杂性分析

在"万物皆过剩"的今天，"少即是多"已经成为我们工作和生活的一个重要原则。"少即是多"同样适用于销售薪酬领域。大多数销售管理者都同意应该尽量简化销售薪酬激励计划，但在实践中，要实现这一目标并不容易。通常，几年内没有重大变化的销售薪酬激励计划往往会存在已经不必要的设计。但每年对销售薪酬激励计划进行的调整也可能逐步增加了计划的复杂性。销售薪酬设计人员往往怀着良好的意愿，试图实现不同的、有时相互冲突的目标，结果往往导致一个过于复杂的计划。在复杂多变的销售环境中，销售薪酬激励计划的简单性意味着聚焦、专注和敏捷。那么，怎么简单才是简单呢？一个简单的计划应符合以下三个特征：

（1）易于理解：销售人员很容易理解计划的目标、机制及对他们的绩效期望。

（2）易于管理：大部分企业使用电子表格管理销售薪酬。简单的计划，保证数据收集及薪酬计算的效率和准确性。

（3）易于激励：计划的激励机制和背后的计算方法应该简单直接。销售人员可以通过最简单的计算，确定业绩变化如何转化为收入变化。销售行为和激励薪酬之间的关系越简单，计划就越简单，计划的激励性就越高。

销售管理层可以通过对销售人员和利益相关方的访谈，结合对绩效指标、激励机制和岗位匹配等分析，评估销售薪酬激励计划是否符合以上特征。

四、员工激励性分析

1.薪酬公平性分析

薪酬公平性包括外部公平性和内部公平性。外部公平性指销售人员的薪酬在市场上是否竞争力，是否能够吸引、保留和激励销售人才。表 16-2 是一个外部公平性分析的例子。我们可以发现，这些销售人员的基本薪酬并不低于市场水平，由于薪资组合偏低，他们获得的激励薪酬和目标薪酬不具市场竞争力。

表 16-2　外部公平性分析示例

职　位	基 本 薪 酬	激 励 薪 酬	目 标 薪 酬
销售经理	持平	低	低
渠道经理	高	低	持平
大客户经理	持平	低	低
销售经理	高	低	持平
客户经理—化工	持平	低	低
客户经理—医疗	持平	低	低

薪酬比率（Compa Ratio）是评估薪酬外部竞争力的常用工具。薪酬比率是员工薪资与市场平均薪资（或市场薪资中位值）的比率。薪酬比率等于 1，表明员工薪酬与市场水平一致；薪酬比率等于 0.5，代表员工薪酬为市场水平的 50%；薪酬比率等于 1.25，意味着员工薪酬比市场水平高出 25%。通常薪酬比率在 0.95 ～ 1.05，意味着员工薪酬达到市场水平。

$$薪酬比率 = \frac{员工薪资}{市场平均薪资} \times 100$$

我们可以使用薪酬比率对基本薪酬、激励薪酬和总收入进行分析。

基本薪酬直接影响员工的激励薪酬和总收入。而总收入可以帮助评估基本薪酬和激励机制的有效性。与激励薪酬相比，基本薪酬常常容易被销售管理层忽视。激励薪酬反映员工当年对企业业绩的贡献。基本薪酬反映员工的知识、技能、经验和潜力，往往涉及薪酬框架、职级设计及绩效管理体系。因此，基本薪酬提供了不依赖当年销售业绩的来管理销售人员长期价值的薪酬方法。我们建议基本薪酬的薪酬比率应控制在0.8 ~ 1.2。表 16-3 是一个基本薪酬分析的示例。分析结果显示三位员工的基本薪酬低于市场平均水平。销售管理层需要进一步分析原因并决定是否需要调整。

表 16-3　基本薪酬分析示例

职　　位	基 本 薪 酬	市场平均基本薪酬	薪 酬 比 率
客户经理 A	106 700	108 400	0.98
客户经理 B	94 000	108 400	0.87
高级客户经理 A	163 800	157 100	1.04
高级客户经理 B	135 900	157 100	0.87
内部销售代表 A	65 500	82 500	0.79
内部销售代表 B	78 600	82 500	0.95

管理基本薪酬应避免以下常见的陷阱：

（1）不为表现优异的销售人员加薪，因为他们的激励薪酬足够高了。

（2）为表现不佳的销售人员加薪，保持薪酬框架的完整性。

（3）每个销售人员的基本薪酬相同。

（4）新员工的基本薪酬普遍超过老员工。

内部公平性指销售团队内部是否公平支付薪酬，职责相同的销售岗位是不是同工同酬、多劳多得。评估内部薪酬公平性时，也可以使用薪酬比率来分析。这时，需要使用或相同岗位销售人员的平均薪酬或销售岗位职

级对应的基本薪酬中点值，作为薪酬比率公式中的分母。评估薪酬内部公
平性的另一个常用方法是薪酬差异分析。

2. 薪酬差异分析

薪酬差异性分析，旨在评估不同绩效表现的销售人员之间的薪酬差
异。薪酬差异性分析可以帮助回答：收入最高的销售人员是绩效最优秀的
销售人员吗？绩效最低的销售人员是否收入也最低？高绩效和低绩效销
售人员的收入之间是否有足够大的差距，让高绩效销售人员感到公平和
值得？

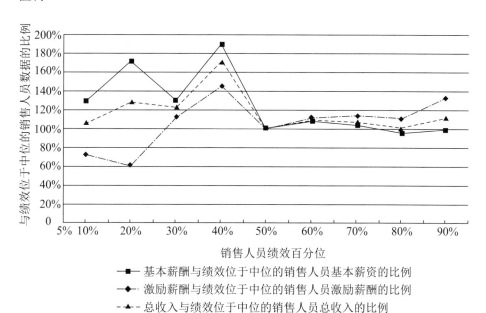

图 16-12　薪酬差异分析

图 16-12 显示了第 10 绩效百分位到第 90 绩效百分位的基本薪酬、激
励薪酬，以及总收入与绩效位于中位值的销售人员相同数据的百分比。我
们发现，绩效位于 90 百分位的销售人员，即前 10% 的优秀销售人员的基
本薪酬处于平均水平。他们的激励薪酬虽然最高，但总收入仅比中位绩

效的销售人员高出 10% 左右。可以判断，对于表现最好的销售人员来说，薪酬差异化是不够的。而绩效水平处于 10 百分位到 40 百分位的销售人员的基本薪酬，远远高于其他销售人员。显然，这家企业的销售薪酬体系存在一些问题，需要进一步分析。我们也可以对每个绩效指标的激励薪酬做薪酬差异性分析，了解高收入的销售人员是如何获得高激励薪酬的，以及绩效指标的设定是否产生了预期的结果。

3. 员工满意度分析

除了对销售薪酬激励计划做量化分析，企业也可以通过销售人员对销售薪酬激励计划的主观感受和满意程度来评估计划的有效性。这类分析通常是定性，为评估和改进销售薪酬激励计划提供不同的角度和洞见。常用的满意度分析方法包括：

（1）销售人员的流动率：销售人员的高流动率往往意味着对现行的销售薪酬激励计划存在不满。通过分析流动率和离职面谈记录，销售管理层可以深入了解员工对销售薪酬激励计划的理解和看法。

（2）销售人员敬业度调研数据：如果企业定期做员工敬业度调研，那么与销售人员相关的调研数据，为分析销售人员的薪酬满意度提供了重要的信息。

（3）问卷调研：销售管理层可以设计专门问卷，了解员工对销售薪酬的想法。

（4）一对一面谈：一对一面谈是与销售人员进行深入的探讨，了解不宜公开的观点的有效渠道。

（5）焦点小组：通过结构化的讨论和交谈，焦点小组可以有效倾听销售人员对销售薪酬激励的看法。

（6）销售绩效管理数据：大部分企业建立了绩效管理体系，定期对员工做绩效面谈和评估。销售绩效管理数据也是销售薪酬满意度的重要信息来源。

五、运营有效性分析

大部分企业较为重视销售薪酬激励计划的日常运营，关注运营成本和效率，包括销售数据的追踪和收集、激励薪酬的计算和支付、销售薪酬管理人员的技能培训等。有数据显示，超过 75% 的企业使用 Excel 等电子表格处理销售薪酬，近 20% 的企业使用第三方薪酬软件或自己开发的薪酬工具处理销售薪酬。Excel 等电子表格是维护和计算任何类型数据最简单的方法，几乎不受硬件环境的限制。但 Excel 高度依赖使用者的个人专业知识和经验，跟踪销售数据和计算销售薪酬时容易出现错误。

薪酬软件功能强大，可以高效收集、分析、计算和展示数据，出错率极低。但销售薪酬管理人员需要在内部 IT 团队或外部软件开发商的帮助下，开发工具和构建解决方案。薪酬软件可以与企业的 ERP 和 CRM 系统整合，符合企业数字化转型的趋势，正成为企业在销售领域的一个重要投入。而销售人员关心如何获得销售薪酬的相关信息和数据，销售数据和激励薪酬的计算是否准确，激励薪酬的支付是否及时，以及提出的问题或投诉是否得到及时的反馈和解决。企业可以通过追踪和评估运营有效性数据，改进运营效率，提升销售人员的体验。

本 章 小 结

销售薪酬有效性分析深入了解销售薪酬激励计划的完整细节，使销售管理层能够衡量计划的成败，并优化其效率。与销售薪酬激励计划设计一样，有效性分析需要设计良好的框架和工具，以及稳定、经验丰富的专业人才。进行有效性分析时，销售薪酬管理团队需要考虑：

- 我们是否有设计良好的模型、工具和方法来实现有效性分析？

- 我们的销售薪酬管理团队是否接受了数据分析方面的专业培训？

- 我们是否使用有效性分析结果，帮助做出未来薪酬决策？

第十七章 我们准备好了吗：计划沟通与实施

销售薪酬激励计划设计完成后，计划的执行就是一个重要的管理课题。正如许多管理专家一直提醒的：执行决定成败。销售薪酬激励计划的执行，包括计划实施、计划有效性评估、计划优化调整或再设计、计划预算、日常运营、沟通和争议处理等具体工作。销售管理协会的研究显示，98% 的企业中，销售管理层或销售运营团队负责销售薪酬激励计划的执行和管理。近 50% 的企业中，财务和人力资源部门是销售薪酬激励计划的执行和管理的重要参与者。图 17-1 列出了这三个职能部门在销售薪酬激励计划执行过程中的职责。

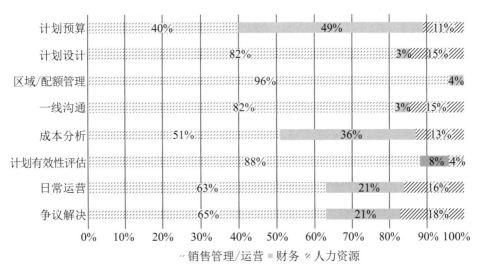

图 17-1 销售薪酬激励计划执行的职责

研究发现，执行销售薪酬激励计划时，企业在运营性工作方面具有最强的能力，如准确支付激励薪酬，预测未来的计划成本变化，为销售人员提供激励薪酬和绩效的统计数据和信息，以及准确预测未来激励薪酬支出。企业在管理性工作方面不尽如人意，如及时沟通薪酬计划、清晰的纠纷解决流程和高效准确地处理销售人员任务等。设计激励薪酬是销售组织管理最复杂的任务之一。影响销售激励薪酬计划最终成果的因素众多。其中，沟通是销售薪酬激励计划设计的最后一步，也是不可或缺的一步。

一、销售薪酬沟通技巧

在薪酬领域，有四个因素影响员工对薪酬的整体满意度。它们分别是：

（1）分配公正：给予员工的实际薪酬是否公平？

（2）程序公正：用于确定薪酬的程序是否公平和合理？

（3）信息公正：向员工解释这些程序和结果的方式是否清楚、真实和充分？

（4）人际公正：管理者处理薪酬问题时是否专业和尊重地对待员工？

这四个影响因素中，程序公正和信息公正与薪酬满意度的关联更强。而这两个因素都与沟通直接相关。销售薪酬激励计划是一家企业年复一年的最大支出之一。企业通常花费数月时间分析过去的业绩，研究新的销售战略，制订或调整激励计划，以期推动企业实现收入增长所需的行为。然而，企业对销售薪酬激励计划的沟通却常常简单粗暴，草草了事。很多情况下，沟通仅仅是销售团队收到一封电子邮件，宣布一项新的计划，并附上复杂的计划文件。或者是在一个销售会议中，销售管理层将绝大部分时间用于讲解市场策略或产品知识，然后匆忙宣布新计划，而销售人员没有时间或出于各种原因不愿意提问。

某通信器材企业连续两年取得销售佳绩。管理层重新设计了销售薪酬激励计划，提高销售配额和激励杠杆，以期激励销售团队实现更高的绩效水平。销售副总裁用邮件向销售团队公布了新计划。管理层相信，整个市场正处于上升阶段，新计划可以给企业和员工带来双赢。然而，销售管理层期望看到的群情振奋的情况并没有出现。只有小部分销售人员对新计划感到满意。他们负责的区域已有确定的销售机会，新计划意味着更多的收入。大多数销售人员将新计划视作"鞭打快牛"，是因为上一年度实现销售目标而受到惩罚。销售人员认为新计划提高了配额、起付点和优异点，因此需要付出更多的努力，达到更高的目标，而收入却可能降低。整个销售团队弥漫着怀疑和不安的情绪。

薪酬沟通的难度在于，销售人员通常会假设薪酬方面大多数变化都可能是负面的。对他们来说，除非当前的销售薪酬激励计划面对的是一场类似新冠疫情的灾难，否则他们会认为管理层改变计划的唯一原因是控制薪酬成本，让财务报表的数字更亮眼。此外，沟通的难度还来自人们不愿意走出舒适区。例如，新的计划引导销售人员转向新产品，或者向现有客户以外的新客户销售产品，这常常会让销售人员产生抵触。无论如何，销售薪酬激励计划作为重要的战略驱动手段，需要一个周密详细的沟通策略和计划。可以说，一个设计普通而沟通良好的计划，比一个设计优秀但沟通不佳的计划可能取得更好的成果。

销售薪酬激励计划的沟通包括三个阶段：制定沟通策略、启动沟通和持续沟通。

1. 制定沟通策略

沟通策略包括沟通的目的，沟通传递的信息，沟通的频率，沟通的时间，沟通使用的媒体、工具和辅助资料，相关人员的职责和预期结果等。企业需要组建沟通团队，或专人负责制定有效的沟通策略。有效的销售薪酬激励计划沟通策略需要传递三个关键信息，也就是三个 W：计划的目的 Why、计划的细节 What 和计划带来的利益 WIIFM，如图 17-2 所示。

图 17-2　销售薪酬激励计划沟通的 3W 模型

计划的目的 Why：销售管理层需要坦诚地告诉销售人员，制订或变更销售薪酬激励计划背后的原因是什么：是市场战略发生变化，企业需要调整其销售资源和销售流程应对竞争形势，还是原有计划根本没有达到企业的预期，需要进行调整或重新设计？新计划如何支持企业的战略和业务目标？新计划要实现的特定目标是什么？

计划的细节 What：销售管理层需要清晰和准确地解释新计划的内容，包括每个细节或变化，以及这些细节或变化怎样支持目标的实现。

计划带来的利益 WIIFM：WIIFM 是英文"对我有什么益处"（What's in it for me）的缩写。销售管理层需要仔细评估新计划对每个销售人员的影响。哪些销售人员将从新计划中获益颇丰？哪些销售人员可能会收入降低？哪些销售人员需要改变工作重点或摆脱旧的行为模式？WIIFM 是销售人员的关注重点，也是销售经理与每个销售人员针对性沟通的核心。

确定沟通的目的和关键信息后，销售管理层需要根据企业文化和销售人员的特点，确定适用于销售人员沟通的渠道，并据此准备相关的辅助沟通材料。常用的沟通媒体和工具包括电子邮件、销售会议、网络会议、内部简报、印刷品、视频、销售管理平台 /App、社交媒体、调研、一对一沟通、培训、焦点小组。

通常，需要编制辅助沟通材料包括：

（1）新计划启动和培训需使用的框架性演示文稿，包括业务和计划战略、计划制订的过程、计划变更重点、计划支出示例等；框架性演示文稿使用对象包括销售管理层、销售人员、其他利益相关方如财务、人力资源等。

（2）供经理与销售人员使用的详细演示文稿。

（3）销售薪酬激励计划文件。

（4）销售经理培训材料。

（5）销售人员培训材料。

（6）销售薪酬激励计划收益计算表格或工具。

（7）常见问题解答（FAQ）。

（8）公布于企业内部网站或销售管理平台 /App 的内容。

（9）定期（月度 / 季度）报表或内部简报。

如果新计划在制订过程中收集和参考了销售人员的观点和建议，编写沟通材料时直接阐述销售人员的观点将非常有帮助。例如，新计划有一个销售人员非常期待的变化，那么告诉他们："根据你们的建议，我们缩短了支付周期。"或者有一个销售人员有疑虑的细节，那么告诉他们："我们了解你们的顾虑。"然后，进行说明和解释。

确定沟通渠道和辅助沟通材料后，就可以制定时间表，按计划实施沟通项目。

2. 启动沟通

销售薪酬激励计划应该尽可能在适用的新财年开始前分发给销售人

员，这样可以在新绩效周期开始的前几天完成沟通，让销售人员尽快进入"战斗"状态。理想的情况是，新计划在年初的年度销售会议上推出，由最高级别的销售负责人在整体销售战略的背景下宣布新计划，解释为什么要实施新计划，新计划将如何影响整个销售团队，以及销售人员如何从新计划中受益。这样可以有效地将企业战略、销售策略、年度销售计划、销售薪酬激励计划和所需行为之间联系起来。

在计划宣布后的几天，销售经理应安排与每个销售人员的一对一沟通，详细解释每个人的销售薪酬激励计划，回答他们提出的个人问题，帮助他们的理解。研究表明，沟通方式和沟通内容本身同样重要。员工更喜欢直接从上级那里听到沟通内容。职场上，一对一沟通是最有效的沟通方式。销售管理层应该确保销售经理获得必要的一对一沟通技能和新计划的培训。同时，一对一沟通为销售经理提供了一个重要的辅导和激励时间，销售经理可以与销售人员讨论下个计划年度可能的销售机会和策略，以及采取哪些行动来最大化新计划的收益。此外，企业可以根据需要安排针对新计划的培训课程或工作坊。培训课程或工作坊的内容、形式和层级水平通常与新计划所的变化幅度相关。

3. 持续沟通

启动沟通结束后，销售管理层不应假设整个销售组织都理解新的计划。销售经理应确定一个时间，如两周后，与销售人员再次沟通，确认他们对计划和目标的理解，查看是否有混淆或遗漏的信息。根据销售周期的长短，一般来说，新计划实行的 60～90 天，销售管理层可以观察到销售人员行为变化和新计划的初步绩效结果。这是另一个关键的沟通时间点。与销售人员的沟通可以帮助管理层判断新计划的有效性，采取措施应对可能的设计缺陷。沟通的一个重要原则是，与沟通不足相比，过度沟通总是正确和必要的。接下来的整年中，销售薪酬激励计划都需要持续的沟通来支持。销售管理层需要保证沟通渠道的畅通，定期公布销售业绩和新计划绩效指标数据，回答销售人员提出的问题，保持销售人员对新计划的关注和投入。销售管理层可以根据销售活动的关键里程碑，如重大销售项目结束、季度或半年度销售会议等，设计沟通活动，收集销售人员的观点、意见和反馈，为下一年度销售薪酬激励计划可能变化做准备。表 17-1 所示为某企业销售薪酬沟通计划示例。

表 17-1　销售薪酬沟通计划示例

沟通事项	沟通目的	沟通渠道	时　间	负责人	沟通材料
宣布新的计划设计启动	■ 提醒销售人员新计划启动在即 ■ 鼓励销售人员提出意见和建议	■ 电子邮件	上一年10月中旬	销售总监	■ 邮件通知
新计划启动	■ 宣布新计划启动 ■ 新计划的概括描述	■ 年度销售会议	1 月 8日	销售总监	■ PPT 演示文稿
公布新计划	■ 向每个销售人员沟通新计划细节 ■ 回答销售人员的问题	■ 一对一沟通	1 月 8日 至 1月 12日	销售经理	■ PPT 演示文稿 ■ 每个销售人员的销售薪酬激励计划 ■ 模拟计算工具 ■ FAQ
每月常规沟通	■ 听取销售人员的意见和反馈 ■ 回答销售人员的问题	■ 每月区域销售例会 ■ 一对一沟通	每月由区域确定	销售经理	■ 销售经理确定
季度沟通	■ 公布季度销售数据 ■ 回答销售薪酬相关问题	■ 电子邮件 ■ 网络会议	每季度前两周内	销售总监	■ 邮件通知 ■ PPT 演示文稿

二、设计与优化路线图

正如我们在前面章节讨论的，销售薪酬激励计划不是静态文件。企业所处的外部政治、经济和市场环境，以及内部业务战略，组织结构和人员构成不断变化，因此，销售薪酬激励计划也是一个动态系统。企业需要持续监控计划的实施结果，定期对计划进行评估，确保计划根据年度目标推动期望的行为。

一般而言，企业需要每年至少一次根据业务目标的变化和面对的新挑战，重新设计或调整销售薪酬激励计划。数字时代企业面对的不确定性，特别是 2019 年年底以来的新冠疫情，促使越来越多的企业增加了每年年中对销售薪酬激励计划的全面体检和调整，确保计划根据年度目标推动期望的行为。此外，即使现有计划整体保持不变，我们也建议企业添加新的计划元素和可奖励的活动，使销售人员保持对计划的新鲜感和重视度。

基于许多优秀企业的最佳实践，我们总结了一份年度销售薪酬激励计划设计优化路线图，如表 17-2 所示，这不是一份详尽的年度销售薪酬激励计划任务清单和时间表，而是一个结构化方法指导框架，包括关键时间节点和最主要的任务类别。销售薪酬设计人员可以据之制订适合自身的详细计划。除了初创企业，多数销售组织已经有了自己的销售薪酬激励计划。对现有计划的评估、优化或再设计，通常在年中销售业务回顾后开始。因此，我们的路线图也从第三季度开始。

第三季度通常是正式启动现行销售薪酬激励计划评估和战略思考下一年度计划的关键时刻。现行计划实行 6 个月了，销售管理层需要知道计划是否推动了正确的销售行为和期望的业绩结果，激励薪酬支付的情况如何，激励薪酬和各项销售数据统计分析的结果是什么。销售薪酬设计团队通过参加年中销售会议、面谈和焦点小组，与管理层、各职能部门的利益相关者、销售经理及一线销售人员沟通，了解未来的战略、市场机会、销售岗位职责变化，以及销售薪酬激励计划的绩效和需求。销售薪酬激励计划有效性分析，也需要在这个阶段开始收集和分析数据。在许多情况下，改变销售策略、销售组织架构、销售人员岗位职责和负责区域或客户，可能需要数月的时间来确定、规划、评估和实施。与之相应的销售薪酬激励计划的构思、再设计或变更也需要同步展开，以确保有足够的时间完成，并在次年第一个月投入使用。

表 17-2　销售薪酬激励计划设计与优化路线图

	第 三 季 度			第 四 季 度			第 一 季 度			第 二 季 度		
现行计划年中体检	■											
新计划初步构思		■										
新计划设计				■								
预算与批准					■							
启动沟通						■						
新计划执行							■	■	■	■	■	■
新计划跟踪和反馈								■	■	■	■	■
持续沟通	■	■	■	■	■	■	■	■	■	■	■	■

　　第四季度通常是计划设计、批准和沟通准备阶段。销售管理层召集销售、财务、人力资源等相关利益相关方组建设计团队，正式评估审查当前计划的成效，确定未来设计的需求，进行设计或优化调整。表 17-3 销售薪酬激励计划设计与优化表可以帮助销售薪酬设计团队评估和记录需要设计或优化的项目，然后使用图 17-3 这样的变革难度矩阵，评估各项目的难度、优先级别，所需资源和后期沟通需求。确定新计划的内容后，进行成本建模、预算编制，寻求管理层的批准。新计划确定和批准后，销售管理层就需要规划并开始实施沟通步骤。

表 17-3　销售薪酬激励计划设计与优化表模板示例

计划要素	当前方案	建议方案	建议目的	潜在风险	变革难度
绩效指标	7 个绩效指标	3 个指标	■ 简化激励计划 ■ 聚焦战略重点	■ 部分销售人员收入将减少 ■ 平衡各部门利益，包括财务、市场	高
特殊激励	无	第四季度增加若干 SPIFF	■ 针对取消的绩效指标的激励措施 ■ 弥补计划可能的不周之处	无	低
……					

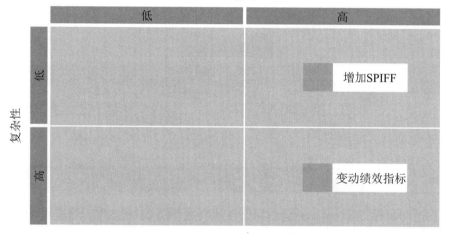

图 17-3　影响与复杂性矩阵示例

　　第一季度销售管理层最紧迫的任务之一，是完成新计划的沟通并开始执行。调整区域划分和分配销售配额是新计划执行的关键步骤。我们观察到，在很多时候，区域划分和配额分配无法销售薪酬激励计划同步完成。这时，将计划细节与区域和配额设置分开沟通，是一种有效的解决方案，以便让销售人员尽快进入新一年的工作状态。

第二季度的主要任务是对新计划持续评估和维护。随着计划的执行和第一季度的激励薪酬计算和付薪，计划设计可能存在的问题通常从第二季度开始变得明显。销售管理团队应保持警惕，以解决问题并确保计划按预期运行。我们在上一节讨论了持续沟通的方法，销售管理层要了解一线销售人员对计划激励和推动绩效能力的反馈。尽管这一阶段通常不需要对计划本身进行任何调整或更改，销售薪酬管理人员可以对操作性问题进行调整，如销售绩效管理系统（Sales Performance Management，简称 SPM）或销售激励薪酬管理（Incentive Compensation Management，简称 ICM）的相关设置等。

本 章 小 结

沟通是销售薪酬激励计划的最后一步，也是不可或缺的一步。销售人员越了解计划的结构和组成要素，他们就越能更好地影响其计划结果和企业绩效。从某种意义而言，销售薪酬激励计划对企业的价值在很大程度上取决于沟通的质量。在设计沟通项目时，销售薪酬设计人员需要回答：

- 我们有没有制定一个完整的沟通策略和时间表？
- 我们有没有针对不同的人群设计不同的沟通工具、材料和方案？
- 我们的沟通是一次性的任务，还是持续的长期工作？
- 我们的沟通仅仅是单向的信息传达，还是同时注重倾听销售人员的声音？

扩展阅读
销售薪酬设计的未来

管理大师彼得·德鲁克指出企业需要盈利，利润是检验企业效能的重要指标。对绝大部分企业而言，实现盈利最主要的方法始终是通过销售人员将产品或服务销售给客户。在今天竞争日益激烈的数字时代，科技和制造的进步为客户提供了如此之多的选择，知识渊博的客户不再轻易被花哨的营销所左右，企业比以往任何时候都更需要专注于增强他们的关键武器——销售人员。销售薪酬是销售人员最重要的激励要素。因此，销售薪酬作为推动企业业绩的战略性因素也被重新审视（图1）。

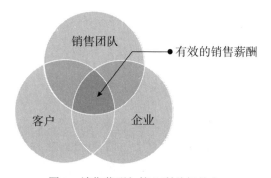

图1　销售薪酬与核心利益相关方

一、销售薪酬的作用与意义

我们可以用销售薪酬弹性来解释销售薪酬的重要意义。我们用弹性来衡量一个变量对另一个变量变化的敏感性。从数学上讲，弹性是两个变量变化的比例，可用公式"弹性 =A 变量变化的 %÷B 变量变化的 %"表示。弹性听起来似乎很陌生、很抽象，事实上和我们日常生活密不可分。例如，我们都会受价格弹性的影响，当商品价格上涨时，销量会下降；当商品价格下降时，销量会上升。

研究人员收集了过去 40 年个人销售对销售产出影响的研究数据，评估销售薪酬的变化对销售产出的影响。他们发现，销售薪酬的平均弹性为 0.35。这意味着如果销售薪酬增加 1%，销售人员的平均生产率将提高0.35%。我们再看一下广告弹性，也就是广告活动在创造新销售产出方面的有效性。研究发现，广告弹性仅为 0.15。与广告投资相比，对销售薪酬的改进对销售产出的影响要高出两倍多。销售薪酬弹性和广告弹性的比较提示我们，即使在数字化营销无处不在的今天，有效的销售薪酬可能仍然是企业业绩可持续增长最直接有效的方法之一。

二、影响销售环境的变化趋势

任何企业的成功都取决于其预测变化的能力，以及制订战略计划以对未来进行管理的能力。企业想在竞争中保持领先地位，需要知道正在发生什么、将要发生什么、应该准备什么、必须改变什么。销售环境是流动性的，社会、政治、经济的大趋势不断推动销售环境的变化。这种流动性也使销售薪酬处于不断变化的状态。思考销售薪酬之前，我们需要了解当前和未来影响销售环境发展的趋势，以及这些趋势对销售组织和销售薪酬的影响。

综合我们的观察和不同学者的研究成果，列出了与销售领域发展高度相关的四个趋势：技术变革、人口构成、买家主导和客户关系。事实上，这些趋势在多年之前已经开始孕育和逐渐形成，2019 年年底以来的新冠疫情推动了这些趋势的快速发展。销售组织必须接受这些趋势，重新定义未来几年成为销售领域领导者所需的条件，及时迅速地应对和改变，才能在未来的竞争中立于不败之地。

1. 技术的快速变革

随着人工智能、机器学习、大数据、5G、云服务等技术的迅速发展和普及，技术变革的基础已经就绪。越来越多的企业在不同的领域大幅加快数字化，将不同系统的重要信息集成，以提高运营效率和业务成效。同样，技术正迅速成为驱动销售成功的关键因素之一。人工智能和大数据技术使销售组织可以用比以往少得多的时间收集、访问、处理和分析海量数据。凭借强大的数据能力，企业可以更有效地分析和预测趋势，帮助销售团队在正确的时间找到正确的潜在客户。企业可以根据客户数据优化销售策略，管理与客户的互动，缩短销售周期，提高销售人员的生产力。

人工智能和大数据技术帮助企业为客户提供灵活的个性化购买流程和体验，包括个性化的优惠、促销、价格和付款条件等。基于客户过往的浏览和采购记录提供的自动化、个性化服务可使销售额增加 20%。世界薪酬协会2021 年 8 月公布的数据显示，51% 的企业计划增加销售领域的技术投资。

此外，许多行业正在销售中使用机器学习和人工智能自动化销售流程。数据显示，对销售人员来说，销售过程中 40% 的工作可以通过人工智能解决方案实现自动化。销售自动化可以为销售人员提供更多的时间建立和经营客户关系，使交易成功率增加 30%，销售周期缩短 18%，销售管理时间减少 14%。

2. 人口构成的变化

目前，年龄在 40 ~ 54 岁的 X 世代和 25 ~ 39 岁之间的千禧世代占劳动力的大部分。未来十年，年龄在 10～24 岁的 Z 世代也将成为劳动力的重要部分。数据显示，千禧世代 60% 的购物都是在网上进行。互联网搜索、社交媒体、同事和同龄人是千禧世代主要信息源。今天，越来越多的千禧世代参与或主导所在企业的采购决策，包括供应商评估和选择。而Z 世代则是第一个完全出生于数字时代的群体，伴随着智能手机、社交媒体和数字化成长。与他们的前辈相比，Z 世代将会在社会、商业、技术、工作方式以及企业提供产品和服务方面带来非常不同的期望和变化。可以预见，未来十年代际转换的影响可能是非常深远的。千禧世代和 Z 世代作为领导者、工作者和消费者，他们的偏好和需求在购买过程中具有越来越大的重要性，进而推动企业和商业模式变革（图 2）。

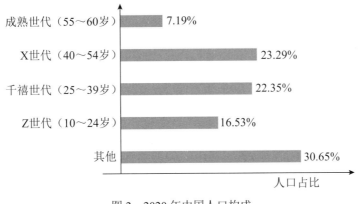

图 2　2020 年中国人口构成

3. 买方主导购买流程

日益白热化的商业竞争为购买者提供更多、更新、更好的产品和服务。新技术和创新使产品和服务的生命周期不断缩短。而互联网和数字技术则使信息的透明化和民主化，让企业和所提供的产品和服务成为"裸泳者"。由此，商业世界里买方和卖方之间的博弈渐近尾声，买方主导已经成为不争的事实。在买方主导的世界里，买方希望企业和销售人员跟上他们购买偏好和期望的变化，满足他们独特的需求。卖方则必须不断降低反应时间，更快更有效地应对买方的关键变化。

数字化浪潮改变了买家的购买方式和习惯。今天，紧随 B2C 模式（企业直接向消费者销售产品和服，Business to Customer）的消费者买家，B2B 模式的企业买家也越来越多地转向在数字环境中做出购买决策。咨询巨头高德纳（Gartner）指出购买行为正在向以购买者为中心的数字模式转变。到 2025 年，预计 80% 的 B2B 销售互动将通过数字渠道进行。客户在销售周期的大部分时间都是在数字环境中度过的，绝大部分客户考虑与销售人员交谈之前会通过互联网等渠道做在线研究。另一咨询巨头麦肯锡（McKinsey）的调研显示，70% 的 B2B 买家表示愿意通过端对端数字化自助服务或远程互动进行大额采购，15% 的受访者表示采购金额超过 300 万元。

买家主导的一个趋势是全渠道销售。结合线上、线下和实体销售的全渠道销售正从 B2C 行业普及到 B2B 行业，B2B 和 B2C 之间的差异正变得日益模糊。B2B 客户具有 B2C 消费者的经验，因此 B2B 销售过程的客户体验与 B2C 客户体验同样重要。数据显示，B2B 客户与企业官方网站或销售人员互动之前平均进行 12 ～ 15 次相关信息在线搜索，多达 69% 的 B2B 客户愿意为个人体验支付额外的费用。电子商务、移动终端、抖音和视频号、视频直播、实时聊天软件、聊天机器人等销售渠道正被越来越多的传统 B2B 企业所采用。

全渠道销售整合不同的销售渠道，创造无缝的一致的客户体验，让客户可以自由选择在哪里，以及如何获得产品和服务，同时确保每个产品和服务的质量相同。数字化趋势和新冠疫情加速了对全渠道互动的需求。为了向客户提供最佳体验，传统企业必须确定客户偏好的各种平台和渠道，采用新渠道和重塑传统渠道，建立跨渠道满足客户需求的能力，将不同平台和渠道整合成一致的体验（图 3）。

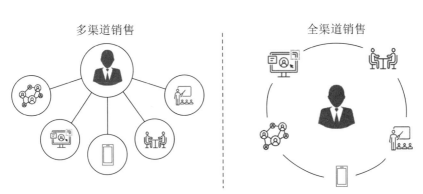

图 3 多渠道销售和全渠道销售

4. 信任主导客户决策

今天，72% 的 B2B 客户愿意与新供应商开展业务。70% 以上的 B2B 买家在与销售人员接触之前完全定义了自己的需求，近一半的买家在接触之前确定了自己想要的解决方案。研究机构弗雷斯特（Forrester）指出，客户对销售和品牌相关信息的信任度处于历史最低水平。想一想，我们是怎么应对销售人员的电子邮件、短信、微信和电话？很显然，如果有机会，人们会千方百计避开销售人员。

然而，内容营销和渠道的激增让客户遭遇前所未有的信息过载和选择困难。独立自主但又陷入选择困难的客户渴望信任和同理心。2020 年的一项包括 1.3 万名消费者和 4000 名企业采购人员的研究显示，88% 的参与者认为信任变得日益重要，87% 的客户希望销售人员成为值得信赖的顾问。2022 年中的另一项调研显示，近 90% 的销售人员认为在不断变化的时代，信任关系变得更加重要。人际关系依然是销售流程的核心。今天，80% 的销售需要销售人员至少跟进 5 次，75% 的 B2B 潜在客户至少需要 4 个月才能完成交易。好消息是技术可以为销售人提供更多信息和时间来建立、维护和强化客户关系。今天的销售更多的是倾听客户意见，而不是与客户交谈。那些能够保持"人情味"，通过各种渠道与客户建立情感联系的销售人员比那些没有这样做的销售人员更有可能获得成功。麦肯锡的研究指出 2007—2009 年经济危机期间，注重人际关系，专注客户体验的企业获得了 3 倍的回报。信任对于赢得交易的重要性成为商业世界万变之中唯一不变的持久趋势。

三、销售团队的变化趋势

新的趋势和技术对销售团队的影响是全面而深入的。销售的未来在于快速地判断和响应趋势，明智地使用技术，跟随客户行为和偏好的改变而改变。一些销售岗位将被淘汰，但新的趋势和技术也不断创造新的销售岗位，如直播带货等。销售管理层需要顺势而为，调整销售策略，重组团队构成，优化销售资源，吸引和培养更高质量的销售人才，以保持可持续的竞争优势。我们观察到了销售团队的一些主要变化趋势。

1. 混合销售是新的方向

结合面对面销售和远程虚拟销售的混合销售已经成为最主要的销售策略。客户已经习惯于同时通过网站、电话、应用程序和视频会议，以及面对面交流等不同方法与销售人员进行互动。新冠疫情更是将许多原来不使用在线购买的消费者和企业带进了虚拟世界，永久性地增加了在线时间，带来了新的数字用户。

麦肯锡 2021 年的一项调研显示，只有 20% 的受访客户表示他们希望回到传统的面对面销售。客户已经习惯在互联网上进行更多的前期研究和分析，并通过电话或视频会议的进行初始接触。如果有必要，他们才进入面对面交流。尽管面对面销售不太可能消失，但它们在销售过程中的占比正在不断降低。混合销售流程意味着适应客户想要的购买方式，提供更广泛、更深入、更愉快的客户体验，从而有助于最大限度地扩大区域覆盖率和实现销售业绩。销售人员需要转型为混合型销售人才，提升掌握赢得交易所需的正确节奏、流程、工具和技术的能力，无论客户身在何处，都可以与他们高效互动。

2. 销售流程日益专业化

为了带给客户更好的个性化体验，销售过程的每个阶段将更加专业化。根据销售的产品和服务，流程将不断细分，每个部分需要不同的技术、工具和方法，由专业人员负责。销售组织出现越来越多的新职位。例如，全渠道销售要求每个渠道都有自己的专业销售人员。同时，又需要能够管理和整合不同渠道的专业人才。一家著名的销售管理咨询机构追踪并确定了超过 85 种不同类型的销售岗位。随着商业世界的演进和创新，这个清单可能会不断变长。较大的企业需要培养多样化和专业化的销售团队，较小的企业将寻找适应性强的跨职能销售人才来履行多种销售职能。

3. 销售技能升级

销售流程专业化势必要求企业更有效地培训每个销售人员，帮助他们掌握与客户购买旅程相关的特定技能。随着数字化变革，技术技能在销售领域变得日益重要，销售人员比以往任何时候都更需要掌握最新的技术技能。例如，新冠疫情以来销售人员与客户之间面对面沟通下降了 51%，通过视频会议和即时聊天工具沟通分别上升了 41% 和 23%。大部分销售人员意识到虚拟销售将是主要的销售方法。近六成的销售人员认为虚拟销售要难于传统的面对面销售。只有约三成的销售人员接受过虚拟销售培训。

2021 年 8 月的调研显示，近半数企业将帮助销售团队升级技能，作为未来 12 个月最优先的事项。

4. 团队销售日益重要

过去，销售人员往往是独狼，通过个人的努力和人脉实现销售业绩。今天技术和大数据的普及使买方和卖方的信息都变得透明易得。客户从也从关注"谁"转移到关注"什么"，销售人员个人的影响力日益减弱。随着全渠道销售的应用和销售流程的专业化分工，销售人员之间以及销售人员与其他面向客户的团队之间的合作越来越多地影响交易达成和客户体验。尽管优秀销售人员的个人作用依然不可忽视，企业的整体销售业绩将越来越是团队协作的结果。

5. 销售人员的角色变化

传统的销售人员关注达成交易。73% 的销售人员认为自己的角色从达成交易转变为顾问咨询。数字时代的客户找到销售人员是为了解决问题或实现目标，而不是"购买"产品。客户希望销售人员不再是仅仅提供折扣价格或现成方案，而是敏锐地认识到客户面对的挑战或困境，提供客户自己可以获得的信息和资源之外的增加价值。所有客户都面对时间限制和压力。销售人员需要对客户展示同理心，理解他们的需求，简化购买流程，缩短销售周期。此外，销售人员需要成为行业和产品专家，通过研究、经验和数据收集，与客户分享自己的见解，共担责任，挑战客户，针对客户的业务提出客户意料之外的建议和解决方案。这种从提供产品或解决方案转变提供洞见的趋势，要求销售人员具备强大的人际技能和创造性地解决复杂问题的能力。

四、销售薪酬的发展趋势

市场环境的大趋势及其对销售组织的影响，势必会反映到销售薪酬的设计。我们总结了每个销售组织都应该考虑的五种薪酬趋势。设计销售薪酬激励计划是一项富于挑战的工作，考虑这些关键趋势将有所裨益。

1. 保持敏捷性

在高度复杂和不确定的环境中，变化是为数不多的常态之一。这使得推出一个静态销售激励薪酬计划，使用一年甚至几年成为过去。灵活的销售薪酬激励计划比以往任何时候都更为重要。数据显示，每年至少有75%的销售组织重新设计或调整销售激励薪酬计划。应对新冠疫情的挑战，2019年和2020年销售组织进行年中销售激励薪酬计划变更的比例分别为61.2%和64.1%。今天的企业需要持续跟踪和评估销售激励薪酬计划，确保计划实现期望的结果。外部环境发生变化时，销售组织需要快速灵活地调整其销售薪酬策略，以适应新的挑战和实现新的目标。

2. 注重简单化

销售薪酬的敏捷性要求随着市场环境和业务目标的变化，不断调整销售激励薪酬计划。因此，销售薪酬激励计划应在保持足够变量以激励不同类型销售行为的同时，尽可能简单化。简单清晰、直截了当的计划意味着聚焦战略目标和优先事项，集中资源，优化成本和更准确及时的数据追踪和分析。简单的计划易于及时快速地调整设计结构或参数，也有助于减少沟通失误的风险。

3. 强化沟通

在大多数销售组织中，销售薪酬时间表的大部分时间用于制订薪酬激励计划，剩余很少时间用于沟通和执行计划。销售人员不喜欢对薪酬变化一无所知，尤其是他们认为这种变化可能是负面的时候。每个销售薪酬激励计划都具有一定的复杂性。如果销售人员不了解计划的重点、预期销售目标，以及什么样的行为能够带来最佳结果，那么，计划就不可能有效达成预期结果。设计新计划或变更现有计划时，需要优先考虑沟通过程，评估计划对每个销售人员的影响，针对性地制订清晰坦诚的沟通方案，确保新计划的有效性。

4. 优化数据分析

数字化和大数据主宰的今天，仅仅计算销售薪酬支出，而不进行销售薪酬数据分析的日子已经成为过去式。数据驱动的销售组织正在将销售薪酬策略将与战略规划和分析功能高度集成，通过将销售薪酬数据转化为洞见，重新设计销售薪酬激励计划，优化销售人才管理和销售流程。例如，长期以来，销售区域划分常常基于销售人员所在的地理位置决定。数据的增加和数据分析工具使销售管理层对销售人员的销售能力和特点有了更深入的了解。当企业决定重新划分细分市场和重新定义目标客户时，可以基于数据分析，将不同特点和能力的销售人员分配给特定的细分市场、产品组合和客户类型，提高销售的有效性。

5. 销售归因模型变化

今天的销售不仅仅是交易的达成，更可能是在交易结束后与客户保持持续关系的服务，需要越来越多的资源来完成。全渠道销售和数字营销改变了客户与企业的互动方式，并直接影响客户的购买决策。实现销售业绩也不再仅仅是一线销售人员。在许多行业的销售过程中，非直接销售人员，如数字营销人员，负责售前指导的咨询人员，提供技术解决方案的工程师，提供售后支持的客户服务专家，对影响购买客户决策的作用和实现销售业绩的所占份额比以往任何时候都大。销售薪酬的原则是，每一个人都应该根据其对销售业绩的贡献得到适当的薪酬激励。企业需要根据销售专业分工重新定义基于个人贡献的销售薪酬激励，同时考虑基于团队、数字渠道和全渠道的薪酬模式。

本 章 小 结

为了应对复杂多变的商业环境，销售职能正在经历重大变化。企业需要新的思维和方法，支持销售团队销售薪酬激励计划设计方面尤其如此。没有一成不变，或者放之四海而皆准的标准、方法和模板可以用于销售薪酬。企业开始考虑销售薪酬激励计划时，需要回答这些问题：

- 我们正在面对的趋势是什么？这些趋势带给我们什么独特的挑战？
- 我们的销售组织正在发生什么变化？这些变化会怎么影响销售薪酬？
- 我们的销售薪酬是否有足够的灵活性，以便及时调整结构或参数适应这些变化？

参考文献

[1] 安吉斯·索特纳斯. 激励销售员不能只靠钱. 哈佛商业评论，2015（4）：74-76.

[2] 道格·郑. 销售团队激励新法则. 哈佛商业评论，2015（4）：50-56.

[3] 马克·多诺罗. 销售绩效与薪酬奖励体系设计全书. 北京：中国人民大学出版社，2018.

[4] 马克·罗贝热. 巧用佣金配合战略. 哈佛商业评论，2015（4）：66-71.

[5] V. 库马尔，沙朗·桑德，罗伯特·雷昂内. 谁是真的明星销售. 哈佛商业评论，2015（4）：58-64.

[6] 奚恺元. 别做正常的傻瓜. 北京：机械工业出版社，2006.

[7] Adam Vasquez，Heather Wadlinger.Millennial B2B report. Merit，2016.

[8] Andris A. Zoltners，Parbhakant Sinha，Sally E. Lorimer. Breaking the sales force incentive addiction: a balanced approach to sales force effectiveness. *Journal of Personal Selling & Sales Management*，2012，32（2）：171-186.

[9] Andris A. Zoltners，Parbhakant Sinha，Sally E. Lorimer. *The Complete Guide to Sales Force Incentive Compensation*：*How to Design and Implement Plans That Work*.New York：AMACOM，2006.

[10] Arnau Bages-Amat，Liz Harrison，Dennis Spillecke，et al. These eight charts show how COVID-19 has changed B2B sales forever.McKinsey，2020.

[11] Craig Riley，Shayne Jackson.Virtual selling's long-term impact on field sales Deployments. Gartner，2021.

[12] David J. Cichelli，*Compensating the Sales Force. A Practical Guide to Designing Winning Sales Reward Programs*，3rd Edition. New York：McGraw Hill，2017.

[13] Doug J. Chung，Byungyeon Kim，Niladri B. Syam，*A Practical Approach to Sales Compensation：What Do We Know Now? What Should We Know in the Future?* Hanover，MA：Now Publishers，2020.

[14] Doug J. Chung，Thomas Steenburgh and K. Sudhir，"Do Bonuses Enhance Sales Productivity? A Dynamic Structural Analysis of Bonus-Based Compensation Plans"，Marketing Science 33（2），March–April，2014：165-187.

[15] Forrester.The rise of revenue operations. Forrester，2021.

[16] Incentive Research Foundation. Establishing the intangible，non-financial value of awards programs. 2018.

[17] Jason Jordan ，Michelle Vazzana.Cracking the Sales Management Code：The Secrets *to Measuring and Managing Sales Performance.* New York：McGraw Hill，2011.

[18] Kron Ferry. The 2021 buyer preferences study：reconnecting with buyers，2021.

[19] Lance Berger，Dorothy Berger. *The Compensation Handbook. A State-of-the-Art Guide to Compensation Strategy and Design*，6th Edition. New York：McGraw-Hill，2015.

[20] Lisa Donchak，Julia McClatchy，Jennifer Stanley. The future of B2B sales is hybrid. McKinsey，2022.

[21] Mike Schultz，Dave Shaby，Andy Springer.Virtual Selling Skills

& Challenges：Buyers Share Where Sellers Are Succeeding & Failing. RAIN Group，2020.

[22] Modern Sale Pros and Concert. How to create better comp plans in 2021. 2021.

[23] Sales Executive Council. Shifting the performance curve：exporting high-performance sales disciplines to the core.2003.

[24] Salesforce. State of the Connected Customer. 2020.

[25] Sales Management Association.Managing sales compensation.2018.

[26] Sales Management Association. Performance measurement trends in sales organizations.2020.

[27] Sales Management Association.Sales planning practices.2022.

[28] Sales Management Association.Sales organizations' total compensation practices.2019.

[29] Steve Herz. 3 keys to changing sales compensation plans during coronavirus disruption and economic uncertainty. Gartner，2021.

[30] Thomas Steenburgh，Michael Ahearne.Motivating salespeople：what really works. *Harvard Business Review*，July–August，2012：70-75.

[31] Worldatwork. 2021 sales compensation programs and practices. August 2021.

[32] Worldatwork.Return on sales expenses. July 2021.

[33] Worldatwork. *The WorldatWork Handbook of Total Rewards：A Comprehensive Guide to Compensation，Benefits，HR & Employee Engagement*，2nd Edition，Hoboken. NJ：Wiley，2021.

[34] Xactly. The 2019 Sales Compensation Administration Best Practices Study. 2019.